絶景ハイク

関東・中部 33 コース

宣信秀年

東京新聞

はじめに

芸術を鑑賞するように、絶景をめぐる

「自然はいつでも傑作を作る」。これは、詩人で彫刻家の高村光太郎が、フランスの近代彫刻の巨匠、オーギュスト・ロダンの著書や談話を翻訳した本『ロダンの言葉』に出てくる一節。ロダンは「考える人」や「カレーの市民」など、迫真的で生命力にみなぎる彫像を数多く作り、東京の国立西洋美術館などでも作品を見ることができる。

野山や海辺を歩いて素晴らしい景色に出合うと、「ロダンの言ったとおりだな」と思う。絶景は、まさに自然が作った傑作だ。

ロダンは、その言葉のあとに「此こそわれわれの大きな唯一の何につけてもの学校だ」と続けている。同じようなことを、英国の詩人、ウィリアム・ワーズワースも言っている。ワーズワースは「逆転（The Tables Turned）」という詩に「自然を先生にしよう（Let Nature be your Teacher）」と書いた。「本は読んでもきりがない。それより外に出て、鳥の声を聴こう。そのさえずりは、なんと快いことか。間違いなく、本に書かれていることよりも英知（wisdom）がある」という。

素晴らしい風景や自然は、素晴らしい芸術作品と同じように見たり、体験したりすると、自分の感性や知性が磨かれ、心が喜びで満たされることに、昔の賢人たちは気づいていたのだ。今も多分そうで、以前、山里に桜の名木を見に出かけたとき、現地で出会った、郷里の母と同じくらいの年配のご婦人が、「この歳にな

ると、美しい風景を見ることが楽しみ」と言ってにこやかにほほ笑んでいた姿が目に浮かぶ。

　私などは、学生時代、あちこちの山に登っても美しい景色をろくに見もせず、登山地図に記載されたコースタイムよりも早く山頂に着くことを目標に足早に歩いていたのを思い出し、恥ずかしくなる。傑作の並ぶ美術館の館内を速足で歩き、短時間で見てまわったと誇っていたようなもので、若かったとはいえ、自分の愚かさにあきれてしまう。

　美しい風景は、芸術の傑作と同じように、目の前に見ているものがすべてになり、日々の雑事や過去の嫌な出来事を忘れさせる。そして、心や魂を清め、生きる喜びや気力を体の中に湧き出させてくれる。

　関東・中部地方には、日本アルプスや霧ヶ峰のような高い山や高原があり、信濃川や木曽川のような長い川が流れ、日本海と太平洋にはいくつもの島がある。江戸時代の旧街道などには伝統的な建築の家並みが残っている。自然も歴史も変化に富み、絶景の地が多い。せっかく訪れることができたのだから、心ゆくまで観賞しよう。とはいえ、絶景を見た感動の余韻にひたりすぎて、心ここにあらずの状態で歩き、道を踏みはずしたり、事故にあったりしないように気をつけよう。

　山が好きで、海が好きで、古い町並みなどを歩くのも好きな人が、この本を手に取ってくれることを願っています。

2025 年 3 月

重信 秀年

目次

はじめに ・・・・・・・・・・・・・・・・・・ 2
本書の使い方 ・・・・・・・・・・・・・・・・ 8
絶景ハイクに出かけよう ・・・・・・・・・・ 10
芸術家が賛美した絶景 ・・・・・・・・・・・ 12
水田の眺めに季節を感じる ・・・・・・・・・ 14

第1章 ハイキングの聖地、上高地と尾瀬

01 北アルプスの名峰を仰ぐハイカーの楽園
　　上高地、河童橋から大正池 ・・・・・・ 16
02 歩いても歩いても続く湿原と池塘
　　尾瀬、鳩待峠から尾瀬ヶ原 ・・・・・・ 20

第2章 高原、湖、渓谷

03 夏も涼しい高原の花園を1周する
　　霧ヶ峰の八島ヶ原湿原 ・・・・・・・・ 24
04 森で花を探し、岩峰を映す池を訪ねる
　　戸隠森林植物園から鏡池 ・・・・・・・ 28
05 コマドリが鳴く森の奥に秘密の湖
　　奥日光の刈込湖と涸沼 ・・・・・・・・ 32
06 信濃川を眼下に越後三山を望む
　　小千谷の山本山高原 ・・・・・・・・・ 36
07 関東平野の北の山上にある別天地
　　赤城山の覚満淵湿原 ・・・・・・・・・ 40
08 天然の造形美、七ツ釜五段の滝まで沢歩き
　　笛吹川源流の西沢渓谷 ・・・・・・・・ 44
09 落差350メートル、日本一の滝を見に行く
　　立山連峰を源流とする称名滝 ・・・・・ 48

第3章 里、古道、城跡

10 木曽路の「サムライロード」を歩く
　　中山道の馬籠宿から妻籠宿 ・・・・・・ 52
11 初夏は白馬岳に「代かき馬」の雪形
　　白馬駅から大出公園 ・・・・・・・・・ 56

4

- 12 日本遺産「葡萄畑が織りなす風景」
  勝沼ぶどう郷駅からぶどう畑の道 ・・・・・・・・ 60
- 13 春に花見に訪れた里を初夏に歩く
  わに塚のサクラと武田八幡宮 ・・・・・・・ 64
- 14 平安時代から和歌に詠まれた景勝地
  姨捨の棚田 ・・・・・・・・・・・・・ 68
- 15 古い町並みと田園風景が残る歴史の道
  筑波山麓のつくば道 ・・・・・・・・ 72
- 16 眺めのよい山に登り、のどかな田園に下る
  秩父の日向山から寺坂棚田 ・・・・・・ 76
- 17 奥三河の歴史と渓谷美を訪ねる旅
  足助の町並みと香嵐渓 ・・・・・・・ 80
- 18 これこそが、まさに「天空の城」
  岩山の頂にある苗木城跡 ・・・・・・・ 84

第4章 山、森、展望台

- 19 美の巨匠たちが絶賛した風光
  安曇野の光城山から長峰山 ・・・・・・ 88
- 20 秋川の源流を訪ねて、ブナの森を歩く
  檜原都民の森から三頭山 ・・・・・・・ 92
- 21 スズランの花咲くころに歩きたい
  ゴンドラに乗って入笠山 ・・・・・・・ 96
- 22 自然が造園した庭のような景観
  北八ヶ岳の坪庭から雨池峠 ・・・・・・ 100
- 23 日本ラインにそびえる眺望の名山
  木曽川の岸の鳩吹山 ・・・・・・・・ 104
- 24 信州の冬の里山、人気ナンバーワン
  塩尻の霧訪山 ・・・・・・・・・・ 108
- 25 昭和初期に地元の婦人が寄付した学校林
  上野原の八重山展望台 ・・・・・・・ 112
- 26 レンゲツツジの咲く、高原のような山頂
  山上の駐車場から甘利山 ・・・・・・ 116

5

第5章 海岸、島

- 27 入江の道を歩き、岬の小さなビーチへ
  三浦半島の港町、浦賀・・・・・・・・・・・120
- 28 天才画家の若き日の喜びの旅を追う
  布良海岸と青木繁「海の幸」記念館・・・・・124
- 29 深い森を抜けて岬の先まで冒険ハイク
  真鶴半島の三ツ石海岸・・・・・・・・・・128
- 30 太平洋の島の火山でお鉢めぐり
  伊豆諸島の八丈富士・・・・・・・・・・・132
- 31 日本海の鎮めのような巨岩に臨む
  佐渡北端の二ツ亀自然歩道・・・・・・・・136
- 32 『潮騒』の舞台の島を1周ハイキング
  伊勢湾の神島・・・・・・・・・・・・・・140
- 33 富士が見えても見えなくても、よし
  世界文化遺産、三保松原・・・・・・・・・144

ハイキングの服装と持ち物・・・・・・・・・・148
ハイキングが楽しいキャンプ場・・・・・・・・150
初めてのスノーハイク ・・・・・・・・・・・152
絶景ハイクを楽しむための心得 ・・・・・・・158

あとがき・・・・・・・・・・・・・・・・・・159

エリアマップ

01. 上高地、河童橋から大正池
02. 尾瀬、鳩待峠から尾瀬ヶ原
03. 霧ヶ峰の八島ヶ原湿原
04. 戸隠森林植物園から鏡池
05. 奥日光の刈込湖と涸沼
06. 小千谷の山本山高原
07. 赤城山の覚満淵湿原
08. 笛吹川源流の西沢渓谷
09. 立山連峰を源流とする称名滝

10. 中山道の馬籠宿から妻籠宿
11. 白馬駅から大出公園
12. 勝沼ぶどう郷駅からぶどう畑の道
13. わに塚のサクラと武田八幡宮
14. 姨捨の棚田
15. 筑波山麓のつくば道
16. 秩父の日向山から寺坂棚田
17. 足助の町並みと香嵐渓
18. 岩山の頂にある苗木城跡
19. 安曇野の光城山から長峰山
20. 檜原都民の森から三頭山
21. ゴンドラに乗って入笠山
22. 北八ヶ岳の坪庭から雨池峠
23. 木曽川の岸の鳩吹山

24. 塩尻の霧訪山
25. 上野原の八重山展望台
26. 山上の駐車場から甘利山
27. 三浦半島の港町、浦賀
28. 布良海岸と青木繁「海の幸」記念館
29. 真鶴半島の三ツ石海岸

30. 伊豆諸島の八丈富士
31. 佐渡北端の二ツ亀自然歩道
32. 伊勢湾の神島
33. 世界文化遺産、三保松原

7

本書の使い方

本書は、関東・中部地方の絶景を歩いて楽しむためのガイドブック。「ハイキングの聖地、上高地と尾瀬」「高原、湖、渓谷」「里、古道、城跡」「山、森、展望台」「海岸、島」の5章にわけて、それぞれの地域の景色、自然、歴史、文化の魅力を紹介している。日本アルプスも富士山も太平洋も日本海もある関東・中部地方に絶景の地は多いのだが、紙面の都合で33コースを選んだ。ページをめくって、写真を眺めて、「ここは前から行ってみたかった」と思った場所から出かけよう。

コース名
ハイキングにおすすめの場所。

04 森で花を探し、岩峰を映す池を訪ねる
戸隠森林植物園から鏡池

山水画のような風景が眼前に広がる

「作庭記」という平安時代に書かれた古い庭づくりの本がある。世界最古の造園書と呼ばれることもある。その本は「池の姿」と「石の立て方」の大切さを説くことから始まる。

昔の日本人は、自然の山河や海岸の風景を巧みに写したものが、よい庭と考えたようだ。戸隠高原の鏡池のほとりにたたずんで、池の奥にそびえる岩山を眺めていると「日本庭園の理想とする風景は、これだな」と得心がいく。同書には「国々の名所を思ひめぐらして、面白き所々を我が物になして、大姿をその所になずらへて、和らげ立つべき」ともある。このこごりの歯のような戸隠連峰の岩嶺は、迫力がありすぎる。確かに少し角のえい岩山を立てた方が、景色が穏やかになってくつろげそうだなど、池畔であれこれ思案して時を過ごす。

いずれにしても鏡池は、絶景の地

だ。風のないよく晴れた日には、文字どおり鏡のように戸隠連峰を水面に映す。紅葉の美しさで知られるが、山肌に白く輝く雪が残っている春も、新緑が繊細模様になる初夏も濃糖らしい。

鏡池に行くなら、隣接する戸隠森林植物園も、ぜひ歩きたい。とくに春から初夏にかけて、木々が芽吹いたばかりの森は、地面まで日ざしが届いて明るく、路傍にはミズバショウ、カタクリ、ニリンソウ、アズマイチゲなど、清楚で可憐な花がたくさん。春の森には自然の生命力がみなぎり、歩いていると、自分の心身までもフレッシュになっていく気がする。

道に迷っても心配ない 戸隠森林植物園

本コースは、戸隠奥社入口のバス停や駐車場からスタートするが、戸隠森林植物園のバス停や駐車場を利用する方法もある。

奥社入口の場合、鳥居をくぐらず、左手の「戸隠森林植物園」の看板の道を進む。地図が立っているので、よく見てから歩き出そう。それでも園内には、迷路のような小道が張りめぐらされているため、きっと迷うことだろう。だが、安心していい。園の西端には、戸隠神社奥宮の随神門と鏡池を結ぶ道が南北に通っている。その道よりも西側に行く道はなく、戸隠連峰の山中に迷い込む心配はない。

戸隠の鏡池は、晴れた風のない日、戸隠連峰を水に映す。岸から望む峰は、左に本院岳と西岳、右に八方睨と九頭竜山。どれも険しい岩山で登山はおすすめしないが、麓からの眺めは、山水画のようで壮観。戸隠高原は、岩山に守られたシャングリラ、理想郷なのかもしれない。

戸隠森林植物園はミズバショウの名所でもある

戸隠森林植物園は野鳥も多く、バードウォッチングを楽しみに来る人たちも多い

出合う風景
写真は各コースを代表する景観を選んでいるが、景色は季節や天気で変わる。その変化を楽しもう。掲載した写真の場所にとらわれず、自分だけの宝物のような情景を見つけよう。

歩行タイム

スタートからゴールまでの歩行時間。歩く速さは個人差があり、あくまで目安。休憩、風景の観賞、自然観察、施設の見学などの時間は含んでいないため、それらを考慮してスタートしよう。

おすすめの季節

一般に平地のハイキングは、春から初夏までと秋が快適。日差しが強く暑い夏に長時間歩くのは避けた方がよい。一方、上高地、尾瀬など標高の高い山間部は、春には雪が残っており、夏がベストシーズン。

立ち寄り施設

ハイキングの途中に訪れると、地域の自然や歴史を知ることができる。ハイキングコースの情報や地図を入手するため、あるいは休憩のためだけでも立ち寄ってみよう。

交通アプローチ

バスやロープウェイは行楽シーズンしか運行しないところもある。車の場合、山間部の道路は大雨などの災害で通行止めになることもよくある。事前に確認してから出かけよう。

参考タイム

スタートからゴールまでの間にある名所やランドマークから次の場所まで歩くのに要する時間の目安。大幅に過ぎても次の場所に着かないときは、道を間違えているかもしれない。地図を見たり、人にたずねたりして確認しよう。

コラム

各コースに関連して、余裕があれば、足を延ばして訪れるとよい場所、体験するとよいことなどを紹介している。訪れた地域に関心を持ち、新しい体験をするきっかけにしてほしい。

鏡池の周辺の観光案内を少しだけ

戸隠高原をもっと歩きたくなったら、奥社の鳥居から「さかさ川歩道」を北にたどって、戸隠キャンプ場と戸隠牧場に行こう。春は、この歩道も花盛り。目的地の戸隠キャンプ場・戸隠牧場には、山々に囲まれた草原で牛や羊が草をはむ牧歌的な風景が広がっている。ただし、戸隠森林植物園と周辺の森にはツキノワグマの生息地。鈴など音の鳴るものを身に付けて歩こう。

戸隠は、能『紅葉狩』で有名な鬼神物語の伝承地でもある。車でないと不便なのだが、戸隠地質化石博物館の近くに「鬼の塚」と伝わる五輪塔がある。鏡池から県道36号を鬼無里方面に進めば、大望峠の展望台で屏風のように連なる戸隠連峰の岩峰を見ることもできる。まさに鬼神のすみかにふさわしい圧巻の眺めだ。山麓のキャンプ場に泊まって、あちこち観光するとよい旅になる。

のどかな景色が広がる戸隠牧場。キャンプ場も広くて快適

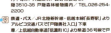

2時間　春夏秋

八十二森のまなびや 戸隠森林植物
開館時間9時30分~16時30分/月曜(祝日の場合は翌日)・11月下旬~4月下旬休/入館無料/長野県長野市戸隠3510-35 戸隠森林植物園内/TEL.026-254-2200

鉄道・バス/JR北陸新幹線・信越本線「長野駅」よりアルピコ交通バスで「戸隠奥社」下車
車/上信越自動車道「信濃町」ICより県道36号線で戸隠神社奥社入口駐車場

戸隠奥社入口バス停(5分)戸隠森林植物園入口(60分)鏡池(50分)八十二森のまなびや(5分)森林植物園バス停

八十二森のまなびや 戸隠森林植物園
長野県長野市戸隠3510-35
戸隠森林植物園内
TEL.026-254-2200

戸隠森林植物園から鏡池

問い合わせ先

現地の状況、交通機関、花の開花情報などについてたずねることができる役所や施設を掲載した。不安や疑問がある場合は、問い合わせてから出かけると安心だ。

コースの地図

本書を読んでハイキングの計画を立てるための略図。実際に歩くときには、より詳細な地図を用意しよう。各市町村の観光課や観光協会が散策マップなどを作成し、配布やホームページに掲載していることも多い。

スズランの花咲く、入笠山
山に咲く清楚な花を見るために遠い道のりをやって来た人たちは、心清き人なのだろう。

絶景ハイクに出かけよう

高い山々がそびえ、広い海に囲まれ、古い町並みなども残っている関東・中部地方には、絶景の地がたくさんある。眺めのよい山麓、花咲く高原、歴史をしのばせる旧街道、波打ち寄せる海岸など、歩けば歩くほど、感動が待っている。

白馬村から仰ぐ、白馬三山
初夏の信州は、残雪の山々と麓の新緑の対照が美しい。右から白馬岳、杓子岳、白馬鑓ヶ岳。

旧中山道の馬籠宿
江戸時代の街道の伝統的な建築の家々が立ち並ぶ宿場町を歩くと、昔の旅人になった気分。

真鶴半島の三ツ石海岸
磯遊びは、干潮と満潮の時刻に注意すること。潮が満ちる前に余裕を持って岸に戻ろう。

川端康成、東山魁夷、井上靖が訪れた長峰山
1970(昭和45)年5月、文芸の巨匠3人が、長峰山を訪れて眺望を楽しんだ。長峰山の山頂からは、残雪の北アルプスの峰々と新緑の安曇野を見渡すことができる。

長峰山の麓、JR明科駅前には、山頂で撮った3人の写真が飾られている

芸術家が賛美した絶景

素晴らしい風景は、芸術家を呼び寄せる。絶景の地を訪ねると、名作の舞台になっていることが多い。審美眼のある画家や作家は美しい自然や風景に魂を揺さぶられ、作品を生むのだろう。芸術家が心を打たれた景色を見に行こう。

大下の作品、明治41年『みづゑ』(重信秀年所蔵)の口絵「尾瀬スケッチ」

大下藤次郎が水彩画で世に広めた尾瀬の美
1908(明治41)年、風景水彩画の先駆者、大下藤次郎は、新しい写生地を求めて、尾瀬を探訪。当時、知る人は少なかった尾瀬沼と尾瀬ヶ原の美しさを鮮やかな色彩で描き紹介した。

監的哨跡は思春期にドキドキしながら読んだ主人公たちの名場面の舞台

三島由紀夫の青春小説『潮騒』の舞台、神島

三島は『神島の思い出』という文章に「私の目に映ったのは、美しい自然と、素朴な人情だけでした」と書いている。「島でゆきあう人と、自然に挨拶を交わすほどになりました」とも。

布良の集落には、青木の滞在した漁家が記念館として保存されている

青木繁の傑作『海の幸』が生まれた布良海岸

28歳で夭折した明治の洋画家、青木繁。代表作『海の幸』は、房総半島の南部、布良海岸で描かれた。浜を歩くと、サメを担いで行進する男たちの背景そのままの海が広がっている。

5月中旬、白馬村青鬼(あおに)の田
水を張った代田。北アルプス五竜岳の雪形、武田菱が消えかかっている。もうすぐ田植え。

水田の眺めに季節を感じる

日本の里を歩いて桜や紅葉以上に季節の移り変わりを感じる風景は、水田だ。初夏に水をたたえていた場所が、夏は草原のような青田になり、秋には稲穂が黄金色に波打つ。広い平野でも山間の集落でも田はどこで見ても美しい。

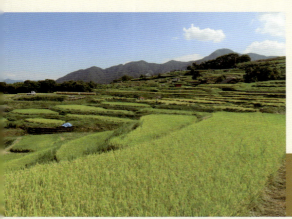

9月初旬、姨捨(おばすて)の棚田
実るほど頭を垂れる稲穂かなの風景。古来、月見の名所でもある。

田植えを終えた水田には整然とした模様が早苗で描かれている。5月下旬、寺坂棚田

6月上旬、鳩吹山の麓の水田をケリが、つがいで歩いていた。キリッ、キリッと鳴く

尾瀬ヶ原の木道を歩く。優美な山容の至仏山と池塘の織り成す風景は、絵の中にいるようだ

第1章

ハイキングの聖地、上高地と尾瀬

「この本のハイキングコースのうち特におすすめは、どこ？」と問われたら「それぞれよさがあり、全部です」と答えた方がいいとわかっていても「なんといっても上高地と尾瀬」と言ってしまう。どちらも本当にすてきな場所だ。

上高地の河童橋の上から穂高連峰を見る。奥穂、前穂、西穂高岳が、屏風のようにそびえる

01
北アルプスの名峰を仰ぐハイカーの楽園
上高地、河童橋から大正池

焼岳の麓にある大正池。大正池のハイキングは汚れてもよい、歩きやすい靴を推奨

日本の山の素晴らしさを世に広めた登山家の小島烏水は「日本アルプスの風光は、この上高地に、寸珠となって縮写されている」と言った。全く、穂高連峰、焼岳、霞沢岳などの高い山々に囲まれた上高地の美しさは、北アルプスという母岩に生じた宝石のよう。一度は歩こう。

朝から登山者やハイカーでにぎわう上高地バスターミナル

小島烏水が絶賛した風光美

　上高地はハイキングを楽しむには理想的な場所だ。第一に穂高連峰や焼岳を仰ぐ風景が素晴らしい。第二に大正池から梓川上流の徳沢や横尾あたりまでほとんど起伏のない道が続き、歩きやすい。険しい山と峡谷の多い日本で、上高地のように平坦で広々とした谷は、とても珍しい。

　毎夏、大勢の人々が訪れるため、上高地の自然は荒れてしまいそうなものだが、冬、雪に閉ざされている間に回復するのだろうか、翌夏、河童橋から眺める山や川や森は、今できたばかりかのようにみずみずしい。人が景観を考慮しつつ手を加えていることも美しさの要因の一つだろう。大正池は浚渫しなければ、堆積する砂で、すでに埋まっているはずだ。

　江戸時代の上高地は、松本藩の用材の伐採地だった。同藩の地誌『信府統記』によれば、寒さが厳しいうえ積雪期が長く、田畑はできなかった。明治になると、登山家のウォルター・ウェストンや小島烏水が槍ヶ岳に登るために訪れ、ここが避暑地になる扉を開く。

　烏水は1912（明治45）年の著書『日本アルプス第三巻』で「日本山谷の風光は、日本アルプスに大成し、日本アルプスの風光は、この上高地に、寸珠となって縮写されている」と言った。「もし完全なる天地の美の、調和を見たいといふ人があつたら、上高地の谷に佇んで、穂高山と梓川の池の夕日を浴びたまへ」とも書いた。100年以上過ぎた今もその言葉に同意できる。確かに上高地の景色は芸術作品のように

河童橋は、芥川龍之介の小説に出てくることでも有名

左）田代橋の歩道入口から下流に進むと田代湿原と田代池がある　中）帰路は田代橋を渡って梓川の右岸を上流に歩いてみよう　右）河童橋まで戻ってきたらカフェでくつろぐのもいい

整っている。

上高地の景勝地をめぐる

　上高地バスターミナルに着いたら、梓川の河童橋に行って穂高連峰を眺め、この地に来ることができた喜びを味わおう。河童橋からは梓川の左岸（下流に向かって左側の岸）を下流に歩き、田代橋の歩道入口から田代池へ。湿原に囲まれた田代池は小さな池だが、水が澄み切っている。

　田代池からは落葉松(からまつ)の林を抜けて大正池へ。視界が開けると、前方に焼岳が見える。その麓(ふもと)を目指して進むと、白砂の浜に出る。名物の立ち枯れの木は少なくなったが、まだある。

　大正池は、1915（大正4）年、大規模な水蒸気噴火を起こした焼岳の泥流で、梓川がせき止められてできた。焼岳の火山活動は約2万年前に始まり、現在でも噴気活動が活発。登山する場合は、事前に情報の収集を。

　景色を堪能したら、来た道を戻り、田代橋を渡って梓川の右岸を上流に歩く。対岸にそびえる山は、霞沢岳と六百山(ろっぴゃく)。ウェストン碑に立ち寄り、河童橋に戻る。橋の近くは宿や店が多く、観光客でにぎやかだが、それも夏の上高地の風物詩。時間の余裕があれば、バスターミナルに向かう前に上高地ビジターセンターに立ち寄るとよい。今日、初めて見た花や木の名前がわかる。自然に関する知識が増えると、上高地にかぎらず、次にどこかにハイキングに出かけたとき役に立ち、人生が少し豊かになる。

上高地ビジターセンターは自然を学べるだけでなく休憩場所としても便利

秘密の庭園のような岳沢湿原

岳沢湿原の展望デッキから眺める六百山

　大正池から河童橋まで戻ってきて時間に余裕があれば、梓川右岸を上流に少し歩き、岳沢湿原に行こう。もちろん最初から岳沢湿原の散策だけを目的に上高地を訪れるのもいい。木道をたどった先にある水辺の展望デッキの眺めは素晴らしい。健脚なら足を延ばし、明神池や徳沢を訪ねることもできる。

　岳沢湿原や明神池への道では、ニホンザルの群れをよく見る。また、ツキノワグマの生息地であり、クマ鈴の携行を推奨する。上高地には5つのルール+2「植物や昆虫を採らない」「野生動物に餌を与えない」「ごみは持ち帰る」「ペットを連れてこない」「歩道をはずれて歩かない」「自転車を山岳地帯に乗り入れない」「ドローンを飛ばさない」という基本的な利用のルールがある。野生動物がいても写真撮影などで近づいたり、餌（食料、ごみ）を与えたりしないこと。

INFORMATION

- 2時間45分　夏
- **上高地ビジターセンター**
開館時間8時〜17時／開館期間4月17日〜11月15日（期間中無休）／入館無料／長野県松本市安曇上高地4468／TEL.0263-95-2606
- **鉄道・バス**／松本電鉄「新島々駅」よりアルピコ交通バス、または「高山飛騨バスセンター」より濃飛バスで「上高地バスターミナル」下車　**車**／長野自動車道「松本IC」より「さわんど駐車場」、または中部縦貫自動車道「高山IC」より「あかんだな駐車場」、シャトルバスまたはタクシーで「上高地バスターミナル」下車（マイカー規制のため上高地には自家用車での乗り入れはできない）
- 上高地バスターミナル（5分）河童橋（35分）中ノ瀬園地（20分）田代池（25分）大正池（45分）田代橋（10分）ウエストン碑（20分）河童橋（5分）上高地バスターミナル
- **上高地ビジターセンター**
長野県松本市安曇上高地4468
TEL.0263-95-2606
（冬期 0263-94-2537）

02 歩いても歩いても続く湿原と池塘(ちとう)

尾瀬、鳩待峠から尾瀬ヶ原

燧ヶ岳を目指して木道を歩む。池塘の水面に夏の山と空が映る

尾瀬には尾瀬沼と尾瀬ヶ原があり、どちらも絶景や高山植物を楽しめる。しかし、両方を歩くのは、山小屋かキャンプ場に泊まらなければたいへん。日帰りハイキングには、入山口の鳩待峠までバスの便がある尾瀬ヶ原の方が楽なので、まずは、尾瀬ヶ原に行ってみよう。

夏の尾瀬を彩るニッコウキスゲ。木道のわきにも咲く

左）鳩待峠から尾瀬ヶ原西端の山ノ鼻まで沢に沿って下る　右）下ノ大堀川はミズバショウの名所だが、夏草茂る景色も美しい

明治の画家を感動させた未知の風景

　尾瀬ヶ原はハイカーあこがれの地。5月下旬、残雪の山を背景に純白の苞のミズバショウが群生する風景は、あまりに有名。でも、梅雨前の尾瀬ヶ原は、まだ一面枯野。初めて行くなら、緑が美しい梅雨明け後をすすめる。

　尾瀬は、群馬・福島・新潟県境の山深くにある。江戸時代、尾瀬沼の岸には会津と上州を結ぶ道があったが、人々は湿地の尾瀬ヶ原には足を踏み入れなかった。1894（明治27）年、群馬県は上越の山に水源探検隊を派遣。雑誌『太陽』に載った紀行には、尾瀬ヶ原は「茫漠たる原野のことなれば、如何に歩調を進むるも容易に之を横ぎるを得ず」と記されている。

　大下藤次郎という画家が、その紀行を読んで尾瀬に関心を持った。大下は美術雑誌『みづゑ』の創刊者で、風光佳絶の写生旅行先を求めていた。彼は14年後の1908（明治41）年夏、弟子たちと尾瀬遠征を実現。尾瀬ヶ原を見たときの感動を次のように記している。「原へ出た時は、暫時口もきけなかった。活きて甲斐ある事をつくづく感じた。風景画家として、かかる天然に親しく接する事の出来た身の幸福を心から感謝した。アア此大景、此美観」。大仰な感情表現のようだが、風景画家なら、当然の感想だとも思う。尾瀬ヶ原ほど美しい所は世にまれだ。

木道を歩き、竜宮十字路で折り返す

　鳩待峠から尾瀬ヶ原の西の端の山ノ鼻までは、沢沿いの下り道。朝露で濡れた木道は滑りやすいので、はやる気持ちを抑えてゆっくり進もう。

　山ノ鼻には、ビジターセンター、トイレ、山小屋などが集まっている。行きか帰りのどちらかに、研究見本園も散策するといい。

　山ノ鼻を過ぎると、大草原のような尾瀬ヶ原が広がる。遥かに見える燧ヶ岳に向かって木道を行く。次第に高層

湿原特有の池「池塘」が多くなり、水面に山を映す。目的地は一応、竜宮十字路だが、途中どこも絶景なので「自分は、ここで満足だ」という所まで歩き、昼食や休憩を取って引き返してもかまわない。

　帰路は、至仏山を正面に見て進む。山ノ鼻から鳩待峠までは坂道を上ることになるため、時間と体力には余裕をみておこう。

左）竜宮十字路のベンチ。このあたりまで来たら引き返そう　右）竜宮は湿原の水が伏流し、別の場所から湧き出す現象

INFORMATION

5時間40分　　**夏**

尾瀬山の鼻ビジターセンター
開館時間7時～18時／開館時期5月中旬～10月下旬（開館期間中は休館日なし）／入館無料／群馬県利根郡片品村大字戸倉字中原山898-9／TEL.070-8708-2752（9時～16時）

鉄道・バス／JR上越新幹線「上毛高原駅」、またはJR上越線「沼田駅」より関越交通バスで「戸倉バス停」下車。戸倉から乗合バス・乗合タクシーで鳩待峠
車／関越自動車道「沼田IC」から国道120号・401号で尾瀬戸倉の駐車場。戸倉から乗合バス・乗合タクシーで鳩待峠

鳩待峠バス停（60分）尾瀬山の鼻ビジターセンター（50分）牛首分岐（25分）下ノ大堀川のミズバショウ群生地（25分）竜宮十字路（100分）尾瀬山の鼻ビジターセンター（80分）鳩待峠バス停

尾瀬山の鼻ビジターセンター
群馬県利根郡片品村大字戸倉字中原山898-9
TEL.070-8708-2752

第2章

高原、湖、渓谷

時季を少しずつずらしながら上高地と尾瀬を繰り返し訪れるのは、幸せだ。でも、あちこち歩いてみたくなったなら、まずは景色のよい高原に出かけてみよう。森の湖、水の澄んだ渓谷、大きな滝を訪ねるハイキングも心が躍る。

小千谷市の山本山高原。沢山ポケットパークから信濃川と山古志方面の山々の眺め

戸隠山麓の鏡池。紅葉の名所だが、若葉が萌えいで、風薫る5月の風景も美しい

03 　夏も涼しい高原の花園を1周する
霧ヶ峰の八島ヶ原湿原

八島ヶ原湿原の八島ヶ池。池と湿原と草原が、多様な植物を育み、独特な景観を見せている

な　だらかな草原が広がる霧ヶ峰は、見晴らしがよく、ハイキングに向いている。観光客にはリフトで上れる車山が人気だが、植物や自然が好きな人は、八島ヶ原湿原を歩こう。初夏から秋まで花がいっぱい。木道で1周するため、道に迷う心配はなく、自然観察に熱中できる。

夏、木道のわきにはフウロソウの花がたくさん。花の色は淡紅色から紅紫色までさまざま

ビーナスラインの通る高原に行こう

　ハイキングに出かける場所で迷っているなら、まずは高原に行こう。なだらかな草原や木もれ日の白樺林の道を歩くのは、気持ちがいい。関東・中部地方なら標高が1500メートルぐらいあれば、夏でも涼しい。しかし、平坦な高原も中腹は傾斜が急で、麓から歩いて上るのはたいへんな所が多い。その点、霧ヶ峰は観光道路のビーナスラインが通っていて、自家用車や路線バスで気軽に行くことができる。

　夏の霧ヶ峰のハイキングは、色とりどりに咲く花も楽しみ。梅雨明け前後に満開になるニッコウキスゲが人気だが、それ以外にも初夏から秋の半ばまで多種多様な花が咲く。

　花好きなら、八島ヶ原湿原を一度は歩きたい。駐車場、ビジターセンター、遊歩道が整備されていて訪れやすい。標高約1600メートルのため、ヤナギラン、フウロソウ、シモツケソウ、キバナノヤマオダマキ、エゾカワ

八島ヶ原湿原は、踊場湿原、車山湿原とともに霧ヶ峰湿原植物群落として国の天然記念物

八島ヶ原湿原のまわりに木道が敷かれていて歩きやすい。大きな白い花はシシウド

ラナデシコ、ヤマホタルブクロなど、多彩な花が木道のわきに咲いている。日本アルプスなどにある珍しい高山植物だけのお花畑とは少し趣が異なり、里の野山で見かける花に似たものも咲いていて、親しみやすさを感じる。

　八島ヶ原湿原の一角に、中世のころ、諏訪の神をまつって神事を行い、関東甲信の侍が武芸を競って奉納したと伝わる旧御社山(もとみさやま)遺跡があるのも興味深い。草におおわれているが、丘の斜面に階段状の遺構がはっきりわかる。

自分の好みの花を見つけよう

　ビジターセンターの前に環境に配慮した最新式のトイレがあるので利用してから歩き出そう。道路をくぐり、展望台へ。「天然記念物霧ヶ峰湿原植物群落」の表示には、八島ヶ原湿原の別名で「七島八島」と記されている。

　斜面を少し下ると、湿原の縁。右手に見える池は、湿原の名の由来になった八島ヶ池。浮島がいくつもあり、七島八島池とも呼ぶ。

　湿原の木道を時計回りに進むと、

左はキバナノヤマオダマキ、右はエゾカワラナデシコの花。花が多いため、蝶も多い。夏には「渡り蝶」として知られるアサギマダラを見ることができる

鎌ヶ池がある。この間、南斜面で日当たりがよいためだろう、花がとりわけ豊富だ。咲いている植物には、ハクサンフウロ、ツリガネニンジンなど名札がそばに立ててあり、名前がわかる。

鎌ヶ池を過ぎると、道は湿原を少し離れて草原をいく。夏はコオニユリがあでやかに咲き、ノアザミの花から花へヒョウモンチョウが飛び回る。旧御射山遺跡からは、再び湿原沿いの道になるが、割と木陰が多く、景観も植物相も八島ヶ池の近くとは、微妙に雰囲気が異なる。アサギマダラが蜜を吸っているフジバカマに似た花は、ヨツバヒヨドリだろうか。

現地のパンフレットなどには「八島ヶ原湿原1周90分」と書いてあるが、とにかく花が豊富で、蝶も野鳥も多い。茂みから顔の黒い夏毛のテンが出てきたこともある。自然の好きな人は、どんどん時間が過ぎてしまい、1時間半ではとても1周できないことだろう。1日かけるつもりで、植物図鑑などを持ってのんびり歩きたい。

八島ヶ原湿原の全景。鷲ヶ峰の登山道を上がっていくと眼下に広がる。奥に車山が見える

八島ヶ原湿原を一望する鷲ヶ峰

鷲ヶ峰の山頂。山座同定盤やベンチがあるので、展望を心ゆくまで楽しもう

「平坦な道を歩くのは楽でいい」とはいっても、山好きの人は、山を見れば、登りたくなるもの。八島ヶ原湿原のすぐ北に位置する鷲ヶ峰は、標高1798メートル。湿原との標高差は150メートルほどだが、稜線が草原のため、眺望が利き、八島ヶ原湿原を眼下に収める。天気がよければ、頂上からは日本アルプスや諏訪湖を望むこともできる。あざみ館のスタッフによると「近年、人気が出て、登山者が増えている」とのこと。

登山道はよく整備されていて、山頂までは約1時間、往復2時間ほどの道のりだ。八島ヶ原湿原から見えている山は、手前のピークで、山頂ではないのだが、そこでも十分見晴らしがよく、達成感がある。山歩きに慣れている人は、地図と飲み物と行動食、それから万一に備えて雨具を持って登ってみるといい。

| INFORMATION

- 2時間 夏 秋
- **八島ビジターセンターあざみ館**
  開館時間9時30分～16時30分／4月下旬～11月上旬（期間中無休）／入館無料／長野県諏訪郡下諏訪町八島湿原10618／TEL.0266-52-7000
- **鉄道・バス**／JR中央本線「上諏訪駅」よりアルピコ交通バスで「八島湿原」バス停下車（4月下旬～10月下旬の土日祝日および7月下旬～8月中旬の運行）
  車／中央自動車道「諏訪IC」より約40分、八島ビジターセンター駐車場
- 八島湿原バス停（5分）展望台（5分）八島ヶ池（30分）鎌ヶ池（35分）旧御射山遺跡（40分）展望台（5分）八島湿原バス停
- **八島ビジターセンターあざみ館**
  長野県諏訪郡下諏訪町
  八島湿原 10618
  TEL.0266-52-7000

04 森で花を探し、岩峰を映す池を訪ねる
戸隠森林植物園から鏡池

戸隠連峰を映す鏡池。そよ風が吹いて波が立つと水面の山は消え、風がやむと現れる

戸隠の鏡池は、晴れた風のない日、戸隠連峰を水に映す。岸から望む峰は、左に本院岳と西岳、右に八方睨(はっぽうにらみ)と九頭龍山(くずりゅう)。どれも険しい岩山で登山はおすすめしないが、麓からの眺めは、山水画のようで壮観。戸隠高原は、岩山に守られたシャングリラ、理想郷なのかもしれない。

戸隠森林植物園は
ミズバショウの名所でもある

山水画のような風景が眼前に広がる

『作庭記』という平安時代に書かれた古い庭づくりの本がある。世界最古の造園書と呼ばれることもある。その本は「池の姿」と「石の立て方」の大切さを説くことから始まる。

昔の日本人は、自然の山河や海岸の風景を巧みに写したものが、よい庭と考えたようだ。戸隠高原の鏡池のほとりにたたずんで、池の奥にそびえる岩山を眺めていると「日本庭園が理想とする風景は、これだな」と得心がいく。同書には「国々の名所を思ひめぐらして、面白き所々を我が物にして、大姿をその所になぞらへて、和らげ立つべき」ともある。のこぎりの歯のような戸隠連峰の岩稜は、迫力がありすぎる。確かに少し角の丸い岩山を立てた方が、景色が穏やかになってくつろげそうだなど、池畔であれこれ思案して時を過ごす。

いずれにしても鏡池は、絶景の地だ。風のないよく晴れた日には、文字どおり鏡のように戸隠連峰を水面に映す。紅葉の美しさで知られるが、山肌に白く輝く雪が残っている春も、新緑が裾模様になる初夏も素晴らしい。

鏡池に行くなら、隣接する戸隠森林植物園も、ぜひ歩きたい。とくに春から初夏にかけて、木々が芽吹いたばかりの森は、地面まで日ざしが届いて明るく、路傍にはミズバショウ、カタクリ、ニリンソウ、アズマイチゲなど、清楚で可憐な花がたくさん。春の森には自然の生命力がみなぎり、歩いていると、自分の心身までもフレッシュになっていく気がする。

道に迷っても心配ない
戸隠森林植物園

本コースは、戸隠奥社入口のバス停や駐車場からスタートするが、戸隠森林植物園のバス停や駐車場を利用する方法もある。

奥社入口からの場合、鳥居をくぐらず、左手の「戸隠森林植物園」の看板の道を進む。地図が立っているので、よく見てから歩き出そう。それでも園内には、迷路のように小道が張りめぐらされているため、きっと迷うことだろう。だが、安心していい。園の西端には、戸隠神社奥宮の随神門と鏡池を結ぶ道が南北に通っている。その道よりも西側に行く道はなく、戸隠連峰の山中に迷い込む心配はない。

戸隠森林植物園は野鳥も多く、バードウオッチングを楽しみに来る人たちも多い

左はニリンソウ、右はフデリンドウ。春咲く小さな花々は、宝石のように美しい

　西端のその道に出たら鏡池を目指して、南に進もう。そうすれば、赤い鳥居が立ち並ぶ天命稲荷を経て、鏡池のほとりに出る。

　鏡池は南端に提があることで明らかだが、自然の池ではなく、溜池だ。しかし「戸隠連峰を眺めるため、ここに水辺がほしい」という絶妙な場所に、うまく池を造ったものだと感心する。偶然か、作庭を熟知した人のなせるわざか、鏡池は戸隠連峰と一体となって裾野の森の風景に溶け込み、景観の美を増している。

　鏡池には車で来る観光客も多い。林道が通じていて30分ほど歩けば、鏡池入口バス停もあるが、せっかくの機会だから、戸隠森林植物園に咲く野の花を、もう一度見てから帰ろう。

戸隠森林所物園はツキノワグマの生息地。人のいない早朝や夕方の散策は控えた方がいい

5月中旬の戸隠森林植物園。戸隠高原は遅い春を迎える。若葉萌える広葉樹の森は美しい

鏡池の周辺の観光案内を少しだけ

戸隠高原をもっと歩きたくなったら、奥社の鳥居から「さかさ川歩道」を北にたどって、戸隠キャンプ場と戸隠牧場に行こう。春は、この歩道も花盛り。目的地の戸隠キャンプ場・戸隠牧場には、山々に囲まれた草原で牛や羊が草をはむ牧歌的な風景が広がっている。ただし、戸隠森林植物園と周辺の森はツキノワグマの生息地。鈴など音の鳴るものを身に付けて歩こう。

のどかな景色が広がる戸隠牧場。キャンプ場も広くて快適

戸隠は、能『紅葉狩』で有名な鬼神物語の伝承地でもある。車でないと不便なのだが、戸隠地質化石博物館の近くに「鬼の塚」と伝わる五輪塔がある。鏡池から県道36号を鬼無里方面に進めば、大望峠の展望台で屏風のように連なる戸隠連峰の岩稜を見ることもできる。まさに鬼神のすみかにふさわしい圧巻の眺めだ。山麓のキャンプ場に泊まって、あちこち観光するとよい旅になる。

INFORMATION

2時間　春 夏 秋

八十二森のまなびや 戸隠森林館
開館時間9時30分〜16時30分／月曜(祝日の場合は翌日)・11月下旬〜4月下旬休／入館無料／長野県長野市戸隠3510-35 戸隠森林植物園内／TEL.026-254-2200

鉄道・バス／JR北陸新幹線・信越本線「長野駅」よりアルピコ交通バスで「戸隠奥社入口」下車／上信越自動車道「信濃町IC」より県道36号線で戸隠神社奥社入口駐車場

戸隠奥社入口バス停(5分)戸隠森林植物園入口(60分)鏡池(50分)八十二森のまなびや(5分)森林植物園バス停

八十二森のまなびや 戸隠森林館
長野県長野市戸隠3510-35
戸隠森林植物園内
TEL.026-254-2200

05 コマドリが鳴く森の奥に秘密の湖
奥日光の刈込湖と涸沼

刈込湖と隣の切込湖は水路でつながった一つの湖。水位が低下しているときは離れて二つの湖になる

森の小道を1時間ほど歩くだけで、自然そのままの湖に着く。人気観光地の奥日光なのに、半日、浜辺にいても誰にも会わない日もある。こんなに魅力的な場所なのにあまり知られていないのは、ここを訪れた人が、その存在を自分だけの秘密にしておくからだろうか。

湯元の湯ノ平湿原にはニホンジカの群が、よく現れる

左）源泉小屋は硫化水素がたまっているかもしれないため、中をのぞかないこと　右）小峠は湯元と刈込湖の中間で休憩にいいのだが、残念なことに展望は利かない

観光客の来ない静かな湖畔

　奥日光はハイカーに人気のフィールド。行楽シーズンの戦場ヶ原や小田代原の木道は人々の明るい声が絶えない。平和な雰囲気でよいのだが、湿原の彼方に連なる男体山や太郎山などの山々や「貴婦人」と呼ばれる白樺の木を静寂の中で眺めたいなら、平日の早朝でもなければ、難しい。

　そんな奥日光にも「自然の中でただ独り」といった贅沢な気分を味わえる場所がある。道路が通じてなくて、森の中の自然歩道を歩いて行くしかない刈込湖だ。5月の中ごろまで雪が残っている道なので、行くのは夏がいい。

　湯元から刈込湖まではミズナラなどの広葉樹に亜高山帯に多い針葉樹のコメツガが混じる少し薄暗い道が続く。耳を澄まして歩いてみよう。夏はコマドリの鈴を振るような高く美しいさえずりが、森に響く。

　刈込湖の西側の岸は砂浜になっている。人の姿がなく、建物など全くない山の静かな湖で、倒木に腰をかけ、向かい山の上の空を流れていく雲を眺めていると、何だか遠い世界に来たような不思議な感覚に満たされる。

　涸沼は、名称に沼とついているが水辺はなく、山々に囲まれた窪地の草原。穏やかで美しい景色だ。しかし、森の中に突然、現れた「幻の湖」のような刈込湖を見たあとでは、それほど感興をそそられないかもしれない。

　人の気配がしない刈込湖の風景の印象は強く、自宅にいても、ふと思い出すことがある。そのたびに「また行きたいな」と思う。

奥日光は日本の
レイクディストリクト

　湯元温泉バス停から旅館街を抜けて湯ノ平湿原へ。源泉小屋群の奥の坂道を国道120号まで上る。国道を横断

左）刈込湖から1時間ほど歩くと涸沼に着く。牧歌的な美しい風景だ　右）釣り人が集まる湯ノ湖。ニジマス、ヒメマス、ブルックトラウトなどが釣れる

し、「刈込湖・光徳」の道標が示す道で、山の中に入っていく。

　左手の木々の間に蓼ノ湖が見えるが、湖畔に至る道はなく、行くことはできない。小峠までは上りだが、傾斜はきつくない。小峠は見晴らしがなく、一息ついたら先に進もう。右手の山の裾をトラバースするように森の中を行く。夏、コマドリがよく鳴くのは、このあたり。道が急な下りになったら刈込湖は近い。

　刈込湖の西岸は広々とした気持ちのいい砂浜。東を望むと、湖の奥に山王帽子山と太郎山の頂が見える。湖水も山々も見るものすべて美しい。奥日光の景観を英国のLake District、湖水地方になぞらえた明治時代の人の気持ちが、ここに来ればわかる。昔は中禅寺湖や湯ノ湖も、ここのように美しく静かな湖だったのだろう。

　刈込湖から切込湖を経て、道をたどると涸沼に至る。南側の斜面に展望台のような場所があるので、休憩して景色を眺めよう。

　山王峠からは、光徳牧場に出ることもできるが、峠には林道が通り、一気に現実の社会に引き戻される気がする。もう一度、ユートピアのような刈込湖のほとりでのんびり休んでから、湯元に戻ることにしては、いかがだろう。湯元には足湯などもある。

日光湯元ビジターセンターでハイキングルートや自然の情報を得てから歩くといい

湯ノ湖の岸を歩いて湯滝を見にいく

　湯元は刈込湖に限らず、奥日光のハイキングのベースに便利。歴史を見てもそう。明治の英国駐日外交官で旅行家のアーネスト・サトウなども戦場ヶ原を歩いたり、白根山に登ったりする際には、湯元の宿に泊まっている。

　広大な湿原を歩き、山に登るのも楽しいけれど、手軽なのは湯ノ湖の岸を歩いて湯滝を訪ねるハイキング。滝つぼまで下りると、帰りの上りは少しつらいが、下から仰ぐ湯滝は迫力がある。滝の水は湯川になり、戦場ヶ原に向かって林の中をゆるやかに流れていく。その渓相が、南イングランドの川を思わせるため、鱒釣りの愛好家にとって、あこがれの地。護岸のない自然そのままのような川を釣り人が歩いていく風景は、確かに英国の田舎みたいだ。

湯滝は、湯ノ湖や湯川の穏やかな風景からは想像できない豪快な滝

INFORMATION

- 🚶 4時間30分　　📅 夏　秋
- 🏠 **日光湯元ビジターセンター**
開館時間9時（12月～3月は9時30分）～16時（7月・8月は17時）／4月～11月無休、12月・1月平日休、2月・3月水曜日／入館無料／栃木県日光市湯元／TEL.0283-62-2321
- 📍 **鉄道・バス**／JR日光線「日光駅」または東武線「東武日光駅」より東武バスで「湯元温泉」下車
車／日光宇都宮道路「清滝IC」より国道120号線で湯元本通り駐車場
- 🕐 湯元温泉バス停（10分）湯ノ平湿原の源泉（30分）小峠（35分）刈込湖（60分）涸沼（60分）刈込湖（35分）小峠（40分）湯元温泉バス停
- ℹ️ **日光湯元ビジターセンター**
栃木県日光市湯元
TEL.0288-62-2321

奥日光の刈込湖と涸沼

06 信濃川を眼下に越後三山を望む
小千谷（おぢや）の山本山高原

山頂の展望台から越後三山の方向を眺める。蛇行する信濃川の上にちょうど見えた

遠く雲をいただく山並みは、越後三山。手前の光っている曲線は、信濃川と支流の魚野川。下流に目を転じると、遥か彼方に弥彦山が見えている。小千谷市の山本山は、河岸段丘の上に広がる高原。見晴らしと開放感は抜群だ。

夏、山本山の沢山ポケットパーク周辺は、ひまわり畑になる

幾段もの河岸段丘の最上段

　新潟県小千谷市の山本山は、信濃川と支流の魚野川が合流する地点に位置しており、川が造った河岸段丘の最上部の段丘面にあたる。信濃川は言わずと知れた日本一の大河、魚野川に上越国境の谷川岳を源にし、豪雪地帯で米どころ魚沼地域を流れ下ってきた川。

　山本山は「山」とはついているが、頂は台地のように平坦で「山本山高原」とも呼ばれる。地図を見ると標高は300メートル余りしかなく、「高原は大げさで、丘陵と呼ぶのが適切なのではないか」と疑問に思うが、現地に来ると、広大さと抜群の展望に「山本山高原という呼び方は、まさにふさわしい」と感じる。

　山頂の展望台に上がると、空が広い。見える山を記した山座同定盤を参考に越後三山の駒ヶ岳、中ノ岳、八海山や巻機山、苗場山といった名峰を探してみよう。信濃川が流れていく先には日本海岸の弥彦山まで見えて、眺望

JR東日本信濃川発電所の小千谷発電所や山本調整池を眺めながら道を進む

のよさに驚かされる。

　小千谷は古くから栄えた町。魚沼地域の生活を記した昔の本『北越雪譜』に「吾が郡中にて小千谷といふ所は人家千戸にあまる饒地なり」とある。小千谷は江戸時代から高級な夏の着物生地、麻織物の縮や上布が特産品。

　私は小千谷縮も小千谷のもう一つの特産品、錦鯉もあまり縁はないのだが、「牛の角突き」や「片貝まつり」の花火を見るため、時折、小千谷を訪れる。その際、山本山高原を歩く。来れば来るほど、山本山から眺める風景が好きになる。

沢山ポケットパークの展望も必見

　小千谷駅前からバスに乗り、山本山大橋西詰の「山本山高原入口」で下車する。しかし、便数は少なく、長時間待つようなら駅から歩こう。山本山大橋まで30分程度だ。

　バス停から南に進む。住宅地を抜け、坂道を上り、山本調整池のダムと小千谷発電所の間の道を行く。これら

おぢゃ〜るには、水力発電館のほかに宿泊室、芝生広場、キャンプ場などがある

左）沢山ポケットパークも眺めがよい。遥か遠くの弥彦山まで見渡せる
右）山頂の展望台に上れば、360度の絶景。秋にはタカの渡りを観察する人々が集まる

はJR東日本が所有している巨大な信濃川発電所の設備の一部。ここで発電した電力は、上越線をはじめ、山手線や中央本線など首都圏の列車の運行に使用されている。鉄道会社が水力発電をおこなっていることに興味がわいたら、市民の家・小千谷信濃川水力発電館「おぢゃ～る」に、ぜひ入ろう。水力発電の仕組みについて解説パネルや楽しく学べる模型がある。

第二調整池を過ぎると、道は曲折しながら林を上っていく。途中、沢山ポケットパークへの道が左に分かれている。展望がとてもよい休憩所なので、行きか帰りに行ってみよう。

その分岐から右の山中に「中部北陸自然歩道」も分かれているのだが、初めて来た人は、山頂まで車道をたどる方が安心だろう。このあたりから山頂にかけて、春は菜の花畑、夏はひまわりの畑が広がっている。

山本山の山頂は広い駐車場で奥に展望台がある。上れば、絶景が待っている。帰路は沢山ポケットパークから越後川口駅方面に下ることもできるが、来た道を戻るのをすすめる。

来た道をのんびり歩いて帰る。高原の上に広がる畑の風景は北海道のようだ

伝統行事「牛の角突き」を見にいこう

小千谷闘牛場や山古志闘牛場では、伝統行事で国の重要無形民俗文化財「牛の角突き」が、春から秋までそれぞれ10回前後、開催されている。闘牛は日本のほかの地域にもあるが、この地域の牛の角突きは勝敗を決せず、引き分けにするのが習わし。そのため、牛はけがをすることがない。取り組みには、20から30人もの勢子がつき、「ヨシター」と声をかけて牛を励ます。巨体と巨体がぶつかるさまは勇壮で、角を突き合わせるときには、ガツンと大きな音が響くこともある。取り組みの終了は勢子長の合図で、勢子が牛の後ろ足に綱をかけ、鼻を取って牛をおとなしくさせる。その様子も見ごたえがある。闘牛場には駐車場があり、小千谷の牛の角突き開催日には小千谷駅を経由するシャトルバスも出る。

小千谷闘牛場の牛の角突き。正午から3時ころまで取り組みが続く

INFORMATION

2時間10分　春 夏 秋

おぢゃ〜る 市民の家・小千谷信濃川水力発電館
開館時間9時〜18時（11月〜3月は17時）／水曜（祝日の場合は翌日）・年末年始休／入館無料／新潟県小千谷市山本1216-3／TEL.0258-82-2478

鉄道・バス／JR上越線「小千谷駅」より越後交通バスで「山本山高原入口」下車
車／関越自動車道「越後川口IC」または「小千谷IC」より山本山山頂の駐車場

山本山高原入口バス停（20分）おぢゃ〜る市民の家・小千谷信濃川水力発電館（25分）沢山ポケットパーク（25分）山本山山頂（40分）おぢゃ〜る（20分）山本山高原入口バス停

小千谷市にぎわい交流課観光係
新潟県小千谷市城内1-13-20
TEL.0258-83-3512

小千谷の山本山高原

07 関東平野の北の山上にある別天地
赤城山の覚満淵湿原

赤城山の覚満淵は、登山をしない人でも気軽に山の湿原を訪ねることができる

覚満淵は、赤城山の大沼のそばにあるこぢんまりとした湿原。自然豊かで景色が美しく、「小さな尾瀬」と呼ぶ人もいる。赤城山は志賀直哉の短編小説『焚火』の舞台。読んでから行くと、出合う風景が味わい深いものになる。

大沼の岸のAKAGIオブジェ。フォトスポットとして人気があるよう

文豪もいやされた赤城山の景色

　今も読む人は多いのだろうか。近代日本文学を読んで育った者にとって、赤城山といえば、小説の神様、志賀直哉の名作『焚火』。それゆえ、大沼湖畔の赤城神社の境内には、同作品の末尾を刻んだ文学碑が立っている。

　赤城山に滞在している主人公と妻、それから友人の画家と宿の主人の4人は、ある晩、大沼に小舟を出し、小鳥ヶ島近くの砂浜に上がって焚火をする。宿の主人が山の暮らしで体験した奇妙な出来事を語る。山道で大入道を見たこと、雪の鳥居峠で遭難しかけたとき、母が虫の知らせで迎えをよこして助かったこと。夜が更け、宿に帰る前、燃え残りの薪を湖に放ると、火の粉を散らして飛び、ジュッと消える。それが面白くて、みんなで放る。

　主人公の生活が世間離れして多少変わっているとはいえ、ドラマチックな出来事は全く起きない。退屈ともいえるこの短編だが、不思議なことに一度読むと、湖面に映る森の影、フクロウの鳴き声、薪の火が水で消える音など、自分もその場にいたかのように記憶に残る。

　赤城山の大沼は緑の山に囲まれ、景色のよいところだが、湖岸の道路を歩くのは単調だ。そうかといって、黒檜山や駒ヶ岳の登山は急坂が続く。大沼の近くで景色が美しく、楽しくハイキングができるのは、鳥居峠との間にある湿原の覚満淵。「小さな尾瀬」とも呼ばれる美しい場所だ。大沼の岸から覚満淵を訪ねて1周しよう。峠にも上がってみよう。

覚満淵を散策し、鳥居峠から眺める

　赤城山大洞のバス停で下車して、赤城神社元宮跡地の鳥居の前を通り、大沼の岸に出る。現在、東岸の半島の小鳥ヶ島に鎮座している赤城神社は、1970（昭和45）年まで、大洞にあった。『焚火』が書かれた大正のころも、

左）覚満淵の入口。湿原の植物を守るためシカ侵入防止ネットが設置されている　右）満々と水をたたえた覚満淵の沼。水面に映る山の緑が美しい

もちろんそうだった。

　大沼の岸から覚満淵川にさかのぼるように遊歩道を歩く。林を抜けると、県道沿いに覚満淵の入口がある。鹿よけのゲートを通り、小道を進めば、沼のほとりに出る。沼はよく整備された木道や遊歩道を歩いて1周できる。覚満淵はヌマガヤなどの茂る中間湿原だが、沼の北東側から半島のように張り出した平坦な部分はミズゴケによって高層湿原化している。

　池の南側から鳥居峠に上がる道があるので行ってみよう。覚満淵の全景を眺めることができる。駒ヶ岳と地蔵岳が囲む景色は、自然が造った大きな日本庭園のように整っている。

　鳥居峠から覚満淵に戻り、沼の東側を歩いて1周する。この間、遊歩道は水辺を離れ、駒ヶ岳の裾を歩く。夏のはじめころは、レンゲツツジやクサタチバナの花が咲く美しい道だ。

上）鳥居峠に上がれば、覚満淵を一望できる。右手の山は駒ヶ岳。奥に大沼も見えている　下）梅雨の晴れ間に咲いていたクサタチバナ。白くて清楚な印象の花だ

　覚満淵を散策したあとは、大沼のほとりでくつろいでから家路につきたい。大沼の広々とした眺めは、覚満淵の沼の景色とはまた違ったよさがある。時間があれば、小鳥ヶ島の赤城神社も訪ねてみよう。

覚満淵の東側、山裾の道の散策は野草の花が楽しみ

『焚火』をまねて小舟をこぐ

大沼でボートに乗ると、小説の登場人物たちの心境を理解できるかもしれない

　大沼南岸の大洞には、バンディ塩原をはじめ貸しボート店がある。『焚火』の人物たちをまねて、小舟に乗ってみてはいかがだろう。大沼は赤城山の火口原湖。ボートに乗ると、その広さと深さから「とても沼でない」と感じる。漕ぎ出してすぐに「東岸の小鳥ヶ島まで行くのは大変だ」とわかるはず。無理して沖に出ず、大洞の岸辺をただよっているのが楽しい。ちなみに小鳥ヶ島は、現在、赤城神社が鎮座しており、岸は石垣のため、上陸できない。

　湖上からボート店に引き返す時間は余裕を持とう。天気がよくても山上の湖は、そよ風が吹いている。微風でも風上に向かってこぐと、ボートはなかなか進まないものなのだ。

INFORMATION

- 2時間　春 夏 秋
- **赤城山総合観光案内所**
  開館時間9時〜16時／無休（営業期間は4月中旬〜11月中旬）／入館無料／群馬県前橋市富士見町赤城山1-14／TEL.027-287-8061
- **鉄道・バス**／JR両毛線「前橋駅」より関越交通バスで「赤城山大洞」下車
  車／関越自動車道「前橋IC」より県道4号線で大洞駐車場
- 赤城山大洞バス停(10分)大沼湖畔(25分)赤城公園ビジターセンター(5分)覚満淵(20分)鳥居峠(20分)覚満淵(30分)大沼湖畔(10分)赤城山大洞バス停
- **赤城山総合観光案内所**
  群馬県前橋市富士見町赤城山 1-14
  TEL.027-287-8061
  群馬県自然環境課
  群馬県前橋市大手町 1-1-1
  TEL.027-226-2877

赤城山の覚満淵湿原　43

08 笛吹川源流の西沢渓谷

天然の造形美、七ツ釜五段の滝まで沢歩き

水清く、木々の緑あざやかな初夏の西沢渓谷のハイキングは、気持ちがいい

明治から昭和まで生きた登山家、木暮理太郎は「奥秩父には誇るに足る可き四つの勝地がある」と書き、山は金峰山、渓谷は笛吹川の東沢と西沢をあげた。今もまったくそのとおりだ。東沢の遡行はハイカーには無理だが、西沢は七ツ釜五段の滝まで遊歩道が整備されている。

西沢渓谷のシャクナゲ。当たり年でたくさん咲く年と、そうでない年があるようだ

左）ネトリ広場には立派なトイレや案内図がある　右）奥秩父の山と谷の美しさを世に紹介した田部重治の文学碑

清く澄んだ水の流れる美しい渓谷

　甲府盆地を流れる笛吹川の源流は、山紫水明の地。奥秩父の主峰、甲武信ヶ岳を中心に国師ヶ岳、破風山、鶏冠山などに降った雨が、東沢と西沢の険しい渓谷を山肌に刻む。

　東沢は巨大な巻貝の殻の中を水が流れるような「法螺ノ貝」と呼ぶゴルジュが有名だが、沢登りに習熟していない登山者やハイカーが入渓するのは危険。一方、西沢はうれしいことに、七ツ釜五段の滝まで遊歩道がある。とはいえ、渓谷の道は滑りやすい岩の上を歩くところが多いので、しっかりした靴をはいて行こう。

　七ツ釜五段の滝は、円形プールのような滝つぼが連なる優美な滝。その造形は実に芸術的で、澄んだ水をたたえるプールから落ちた水は、次のプールで湧き上がり、純白の泡をたぎらせたかと思うと、瞬時に透明に戻り、また落ちていく。「日本の滝100選」の１つだがこれほど見事な段瀑は珍しい。10選でもきっと入ることだろう。

　それにしても「七ツ釜五段の滝」とは不思議な名だ。釜が滝つぼのことなら、五段のこの滝の釜は五つのはず。昔の人も疑問に感じたようで、昭和初期、ここを訪れた登山家の冠松次郎は「上流にあるものを加えて七つになるのだろうか」といったことを書いている。もっとも、江戸時代の地誌『甲斐叢記』には「里老云ふ、源流に七釜あり。今人跡の及ぶ所、一の釜、二の釜のみなり」と記されているので、七つの滝つぼからなる滝ではなく、笛吹川の源流で７番目の滝を意味しているのかもしれない。

渓流をさかのぼり、
旧トロッコ軌道を戻る

　西沢渓谷入口バス停で下車して歩き出す。西沢大橋の下に広い市営駐車

左）大展望台は鶏冠山、木賊山、破風山の眺めが素晴らしい
右）七ツ釜五段の滝は、まさに自然が造った傑作。一度は見ておきたい

場もある。しばらくは林道のような道を行く。初夏はウツギの白い花が目立つ。支流のナレイ沢を渡ったネトリ広場に立派なトイレがあるので利用しよう。甲武信ヶ岳登山口の分岐には「見よ　笛吹川の渓谷は」で始まる文を刻んだ田部重治の文学碑がある。田部は木暮とともに奥秩父登山のパイオニア。英国ロマン派の詩人ワーズワースの詩集の翻訳者だけあって美文だ。

　二俣吊橋で東沢を渡ると、西沢の遊歩道は本格的な渓谷の道になる。三重の滝、竜神の滝、貞泉の滝など美しい滝が続く。足元は岩や木の根の露出した道のため、慎重に進もう。

　西沢に架かる方杖橋を渡ると、上流に七ツ釜五段の滝がある。円い滝つぼが連続する美しい滝だ。水は川底の石が見えるほど透明なのにヒスイのような緑の輝きを放っているのは、若葉萌える木々を映しているためだろうか。

釜にあふれる緑の水と流れ落ちてできる白い泡のコントラストが絶妙だ。

　遊歩道は、七ツ釜五段の滝の奥、不動滝で行き止まり。西沢渓谷は原則として一方通行のため、下山はトロッコ軌道跡（旧森林軌道）の道を歩いてネトリ広場まで戻る。水辺を離れるのは残念だが、途中の大展望台は奥秩父の山並みが素晴らしい。5月にはシャクナゲの花が咲く道だ。花には表年と裏年があるという。満開を期待して歩こう。

木材の搬出に使われたトロッコ軌道跡を歩く。所々レールが残っている

笛吹川本流の名瀑、一之釜

西沢大橋から国道140号の雁坂トンネルを抜けるか、山道を歩いて雁坂峠を越えるかすれば、埼玉県の秩父。甲府盆地から笛吹川をさかのぼって秩父盆地に至るこの山道の歴史は古く、古代の英雄、日本武尊が雁坂峠を越えた言い伝えがある。江戸時代には、秩父甲州往還として利用者が多かったようで、秩父側は栃本に関所、甲州側は川浦に口留番所があった。現在も笛吹川沿いの道や集落は古道の趣があり、川浦口留番所跡のほかにも、大嶽山那賀都神社、名瀑一之釜など、名所旧跡が多い。一之釜は笛吹川の本流の巨瀑で、男滝と女滝があり、男滝の滝つぼは大きな淵をなしている。江戸時代の『甲斐叢記』で村里の老人が語った「一の釜」は、この滝のことだろう。

笛吹川の本流にある一之釜の男滝。滝つぼの縁まで行くことができる

| INFORMATION |

🚶 4時間　　📅 春　夏　秋

📍 **鉄道・バス**／JR中央本線「山梨市駅」から山梨市民バスで「西沢渓谷入口」下車。または「塩山駅」から山梨交通バスで「西沢渓谷入口」下車(行楽シーズンおよび4月中旬から11月中旬の土曜・日曜・祝日のみ運行)
車／中央自動車道「勝沼IC」からフルーツラインで西沢渓谷入口の市営駐車場に

🕐 西沢渓谷入口バス停(20分)ネトリ広場(20分)二俣吊橋(20分)三重の滝(30分)貞泉の滝(30分)七ツ釜五段の滝(20分)トロッコ軌道跡(30分)大展望台(50分)ネトリ広場(20分)西沢渓谷入口バス停

ℹ️ **山梨市役所観光課**
山梨県山梨市小原西843
TEL.0553-22-1111

笛吹川源流の西沢渓谷

09 落差350メートル、日本一の滝を見に行く
立山連峰を源流とする称名（しょうみょう）滝

滝見台園地から称名滝を見る。立ち上る水煙に太陽の光があたり、虹が出た

日本一高い山は富士山、長い川は信濃川と、誰もが知っている。だが、日本一の落差を誇る滝の名を知る人は、少ないのではないだろうか。それは、北アルプス立山の称名滝。350メートルの高さから落ちてくる水の柱は大迫力。空に巻き上がる水煙は、虹を作る。まさに飛瀑だ。

春から秋のあいだは、称名平休憩所までバスや車で行くことができる

条件に恵まれれば、滝に虹がかかる

　称名滝は、立山の西斜面、室堂平、雷鳥沢、地獄谷などに降った雨と雪を源にする称名川が、溶岩台地の弥陀ヶ原と大日平にV字の谷を刻み、台地の端から350メートルほど落下する。その落差は、日本一を誇る。

　落差350メートルの滝の迫力がどれくらいかというと、高さ333メートルの東京タワーの上から川の水が落ちてくるようなもの。ほかの滝と落差を比べると、那智滝は133メートル、華厳滝は97メートル。称名滝に、それらのおおよそ3倍も高い。さらに興味深いことに、雪解けの春や大雨のあとには、称名滝の隣にハンノキ滝、またはネハンの滝と呼ぶ落差500メートルの滝ができる。春先や大雨の後など水量の多い時期にしか見ることのできない幻の滝であるため、日本一と認められないようだが、出現すれば、その滝こそ、日本一だ。

　称名滝に近づくとわかるが、落ちてくる滝が空中に巻き上げる水煙はすさまじく、雨が降っているよう。ハイキングや登山は一般に朝出かけるのがよいのだが、称名滝を見るのは、午後がおすすめ。なぜなら、西向きの滝のため、西日が差すと虹がかかった光景を見ることができるかもしれない。

帰りのバスや道路の通行時間に注意

　バス停と駐車場前の称名平休憩所には称名滝について展示パネルがあるので、見てから歩き出そう。また、休憩所裏の展望園地からは、称名滝がある谷を眺めることができる。

　称名滝の前にかかる称名橋までは、なだらかな坂道が約1.3キロ、30分ほど続く。称名滝遊歩道は舗装された道のため、歩きやすい。路面には所々、滝までの距離が表示されている。

左) 称名平休憩所の裏にある展望園地。称名川の岸から滝の一部が見える　右) 称名滝を見るため、称名川沿いの遊歩道を行く。舗装された歩きやすい道だ

大日岳の登山口と飛竜橋を過ぎると、称名橋のたもと。称名滝から飛んでくる水しぶきが、雨のように降りかかる。橋を渡って斜面を少し上がると、滝見台園地があり、称名滝の眺めがよい。称名滝は四段になって落ちている。晴れた日の午後にできる虹は素晴らしいが、曇りの日、霧のかかった谷の奥から白い滝が現れて落ちていく様子も幻想的だ。いつまでも見ていたい風景だが、称名道路は夏は19時、春秋は18時になると通行できなくなるため、車で来た人も帰りの時間に気をつけよう。

歩いてきた道をバス停、駐車場まで戻る。称名川の谷の大きさに自然の力を感じる

曇りの日の観瀑も幻想的な雰囲気でいいものだ

INFORMATION

- 1時間 ／ 夏 秋
- **称名平休憩所**
 開館時間9時～16時、／冬期休／入館無料／富山県中新川郡立山町芦峅寺／TEL.076-462-9971(立山町商工観光課)
- **鉄道・バス**／富山地方鉄道立山線「立山駅」より称名滝探勝バス(運行期間4月下旬～11月上旬)で「称名滝」下車
 車／北陸自動車道「立山IC」より県道6号富山立山公園線、称名道路(通行時間4月下旬～6月7時～18時、7月～8月6時～19時、9月～11月7時～18時)で称名平駐車場
- 称名滝バス停(25分) 称名橋(5分) 滝見台園地(5分) 称名橋(25分) 称名平バス停
- **立山町商工観光課 観光交流係**
 富山県中新川郡立山町前沢2440　TEL.076-462-9971

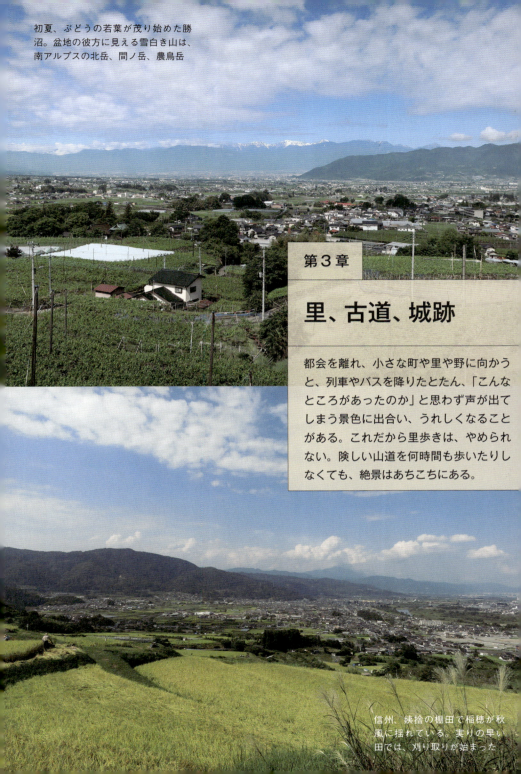

初夏、ぶどうの若葉が茂り始めた勝沼。盆地の彼方に見える雪白き山は、南アルプスの北岳、間ノ岳、農鳥岳

第3章
里、古道、城跡

都会を離れ、小さな町や里や野に向かうと、列車やバスを降りたとたん、「こんなところがあったのか」と思わず声が出てしまう景色に出合い、うれしくなることがある。これだから里歩きは、やめられない。険しい山道を何時間も歩いたりしなくても、絶景はあちこちにある。

信州、姨捨の棚田で稲穂が秋風に揺れている。実りの早い田では、刈り取りが始まった

10 木曽路の「サムライロード」を歩く
中山道の馬籠宿から妻籠宿

馬籠宿は坂の町、石畳の旧中山道を上っていく

江戸時代の街道と宿場の趣が色濃く残る木曽路。その中から、近年「サムライロード」と呼ばれて海外のハイカーに大人気の馬籠宿と妻籠宿の間を半日かけて歩いてみよう。それは、日本をよく知っているはずの私たちにとっても新鮮で忘れられない旅に、きっとなる。

中山道の木曽路は、元気なうちに一度は歩いてみたい道

江戸時代の面影を残す2つの宿場

一石栃立場茶屋に立ち寄ろう。囲炉裏のそばの休憩は思い出になる

江戸時代の五街道の一つ、中山道の木曽路の馬籠宿から妻籠宿まで歩くのが、人気だ。古道好きのハイカーには、以前からよく知られていた道なのだが、近年は外国人の姿が目立つ。海外では「サムライロード」と呼ばれ、日本の歴史を体験できるハイキングコースとして評判になっているらしい。宿場の古い家並み、峠越えの山道の自然、さらには地元の人々のもてなしが、魅力のようだ。

「木曽路はすべて山の中」は、明治の作家、島崎藤村の『夜明け前』の有名な書き出しだが、馬籠宿は訪れてみると、山の南西斜面に道がのびていて、日当たりも見晴らしもとてもよい。そう書いた藤村自身、馬籠については「山の中とは言いながら、広い空は恵那山のふもとの方にひらけて、美濃の平野を望むことのできるような位置にもある」と取り繕っている。石畳沿いの家並みは店や民宿が多いが、もともとここは旅人の集まる宿場で、それは当然のこと。にぎわいが感じられ、歩いて楽しい。

馬籠峠を越えた先の妻籠宿は、江戸時代の旅籠や商家そのままのような町屋が街道に連なり、時代劇の世界に迷い込んだようだ。

馬籠宿から妻籠宿までは約8キロあり、短い道のりではないのだが、途中、小さな集落、旅人の休み処の茶

男滝の清らかな水を見ていると、木曽路は確かに山の中だと感じる

屋、自然の滝などがあり、あきずに歩き通すことができる。

昔の人になった気分で街道を歩く

　馬籠宿と妻籠宿のどちらから歩いてもよいのだが、標高の高い馬籠宿から低い妻籠宿に歩く方が楽なように思う。途中、土の道もあり、また道標、洋式トイレも多く安心して歩ける。

　馬籠のバス停・駐車場から「中山道馬籠宿」の標柱が立つ十字路に出て、石畳の道を上がる。これが旧中山道で、道がかぎ状に曲がっているのは、防御のための枡形。枡形は妻籠宿にもある。坂の両側の情緒あふれる家並みは、民宿、みやげ物店、食事処。おやきにお茶でさっそく休むのもいい。高札場を過ぎると、見晴らしのよい広場。藤村の『夜明け前』に山名が出てきた恵那山が、正面に大きくそびえていて、なかなかの絶景だ。

　馬籠峠を越えて、一石栃立場茶屋に着いたら入ってみよう。「立場茶屋」は宿場と宿場の間の休憩所。囲炉裏に湯が沸き、妻籠を愛する会の方が、旅

峠越えの前に馬籠でおやき、歩き終えた後に妻籠で栗きんとんアイス

人を茶でもてなしてくれる。

　男滝・女滝はそれほど大きな滝ではないが、山中の水辺は気持ちがよいので寄るとよい。間宿だった大妻籠の集落を過ぎて、蘭川を渡れば、妻籠宿。そのまま進めば、観光ポスターの写真などで有名な寺下の町並みに至る。自分の目で眺めると、納得の美観だ。自分の足で、ここまで歩いてよかったと思うことだろう。

　妻籠のバス停からは、JR南木曽駅に出ることも馬籠に戻ることもできる。馬籠に戻るなら、陣場のバス停で下車して石畳を下ると、宿場の風情をもう一度楽しめる。

妻籠宿まで歩き通すと達成感がある。美しい家並みが迎えてくれる

「是より北、木曽路」の碑を訪ねる

野山や里のハイキングを好む人は、馬籠宿の坂を上がる前に旧中山道を下ってみては、いかがだろう。左手に恵那山、右手に田畑、正面には藤村言うところの「美濃の平野」に続く中津川方面の丘陵が広がる見晴らしのよい道が続く。正岡子規の句碑が立つあたりが最も眺望がよいので、そこで引き返してもいいのだが、もう少し下ると新茶屋の集落に「是より北、木曽路」の石碑が立っている。ちなみに「是より南、木曽路」の石碑は、贄川宿の桜沢にある。その間の11宿が木曽路だ。木曽路には、馬籠、妻籠のほかにも奈良井宿や平沢宿など美しい家並みが多い。古い町が好きな人は、一つ一つ訪れてみることをすすめる。

馬籠宿から新茶屋までの道は、遠くまで見渡せて気持ちがいい

INFORMATION

- 3時間　　春 夏 秋
- いちこく御休み処（一石栃立場茶屋）
  開館時間9時〜16時（12月〜3月は10時〜15時）・年末年始休／無料／長野県木曽郡南木曽町吾妻1612-1／TEL.0264-57-3513（妻籠を愛する会）
- 鉄道・バス／JR中央本線「中津川駅」から北恵那交通バスで「馬籠」バス停下車
  車／中央自動車道「中津川IC」から国道19号で馬籠宿駐車場
- 馬籠バス停（5分）馬籠宿の水車（20分）馬籠ふるさと広場（40分）馬籠峠（20分）一石栃立場茶屋（20分）男滝・女滝（60分）妻籠宿の寺下の町並み（15分）妻籠バス停
- 馬籠観光協会
  岐阜県中津川市馬籠4300-1
  TEL.0573-69-2336
  南木曽町観光協会
  長野県木曽郡南木曽町吾妻2196-1
  TEL.0264-57-2727

中山道の馬籠宿から妻籠宿

11 初夏は白馬岳に「代かき馬」の雪形
白馬駅から大出公園

大出公園の展望台から白馬三山を眺める。5月なかばだが、山にはまだ雪がたくさんある

白馬岳の麓、白馬駅から「詩の小徑」と名付けられた小川沿いの遊歩道をたどり、姫川の岸辺にある大出公園まで歩こう。散歩のような短時間のハイキングだが、大出公園から望む白馬三山は、雄大かつ優美。残雪のころに訪れたなら「代かき馬」の雪形を探してみよう。

白馬岳の「代かき馬」の雪形。田植えの準備の到来を教えてくれるという

姫川の岸辺から絶景の白馬三山

大糸線の白馬駅。駅舎に「詩の小徑」の地図が掲示されているので見てから歩き出そう

　JR大糸線の沿線の市町村は、どこも北アルプスの眺めがよい。だが、なんといっても白馬村から望む白馬岳、杓子岳、鑓ヶ岳が並んだ白馬三山にまさる景色はない。もちろん、松本や安曇野から見る堂々としたピラミッドのような三角形の常念岳、信濃大町あたりから仰ぐ、いかにもアルプスといった山稜の爺ヶ岳と鹿島槍ヶ岳なども素晴らしいため、「麓から見る北アルプスの景色は、白馬村が一番だ」と感じているのは、私だけなのかもしれないとも思っていた。

　しかし、昭和の山岳写真家、田淵行男の写真文集『安曇野挽歌』を読んでいたら、白馬山麓について「白馬三山を主とする山の眺めが断然すぐれている」「北アルプス第一級の山並みが、このように近々と眺められる所は他にはない」と書いてあった。長年、安曇野に住んだ写真家が、北アルプスの展望は白馬山麓が群を抜くと言うのだから、自分の風景を見る目が認められたようで、うれしかった。

　白馬村ではあちこちで白馬三山を眺望できるが、駅から最も気軽に歩いて行ける場所は、大出公園だろう。白馬駅の東側から「詩の小徑」という遊歩道があり、たどって行くと、30分ほどで姫川の岸の大出公園に至る。

　初夏、残雪の白馬岳には、山名の由来になった「代かき馬」の雪形が現れる。信州の山々にいくつもある雪形の中で、最も有名なものだ。大出公園は、春夏秋冬、晴れて白馬三山が見えさえすれば、いつでも絶景だが、一度は初夏に雪稜を駆ける「代かき馬」を

左）「詩の小徑」は木流川に沿って続く。せせらぎが心地よい　右）大出吊橋のたもとの茶屋。夏のハイキングでは、かき氷ののぼりを見ると足が止まる

大出公園の沢に沿って下ると姫川の岸で、白馬三山の景色が広がる

見に行くといい。

「詩の小徑」を歩いて姫川の岸に

　白馬駅は西側にしか出られないため、駅前の国道148号を北に進み、信号のある交差点を右折して踏切を渡り、駅の東側に回る。線路沿いの道に並んだ六地蔵の向かいに遊歩道「詩の小徑」の入口がある。道は、木流川(きながし)のせせらぎに沿って東に向かっている。

　田畑の縁を歩き、木橋を渡り、養魚場を過ぎると、国道406号に出る。

夏は昼になると白馬岳に雲が湧き、見えないことも多い。出かけるなら朝がいい

「詩の小徑」は、のどかな田園の道で、どこまでも歩いて行きたい気分になるのだが、ここで終わる。

　国道を東に進んでも大出公園に着く。しかし、横断して集落の道を歩き、姫川の大出吊橋を目指す方が、里の散策を好むハイカーには向いている。白馬駅から大出吊橋までは、およそ30分。吊橋を渡ると雰囲気のいい茶屋があり、休みたくなる。

　弁当を広げるなら、大出公園の広場の先の姫川と沢が合流するあたりが、景色がよくておすすめ。沢を渡って杉林の道を少し上ると展望台があり、白馬三山の眺めが素晴らしいのだが、木々が茂って暗い。くつろぐには、姫川沿いの広場が、明るくてよい。

　帰路は、国道406号の北側の集落の道を歩いてみよう。民家の庭先にさまざまな花が植えられている。道端の水路をのぞくと、バイカモの小さな白い花が咲いているかもしれない。

五竜岳を望む青鬼集落

白馬村の北東部の山間に「青鬼」という集落がある。民家の茅葺屋根は鉄板で覆われているが、建築は伝統的な様式。集落の奥の山の斜面には、棚田が広がっている。

ひなびた集落だが、重要伝統的建造物群保存地区に選定されていることもあって、集落の入口に見学者用の駐車場、棚田の間に展望所が設けられている。その展望所からの眺めは絶景だ。見える山は、白馬三山ではなく、五竜岳。初夏には山頂近くに「武田菱」の雪形が現れる。田に水を張ると、水面に残雪の山が映り、その風景を撮るため、写真家が集まる。麓から青鬼まで歩いて行くのは、できなくはないが、なかなか大変だ。白馬駅からタクシーを利用するとよい。

残雪の五竜岳を映す青鬼集落の棚田

INFORMATION

- 1時間20分　　春　夏　秋
- 鉄道・バス／JR大糸線「白馬駅」下車
  車／長野自動車道「安曇野IC」から国道147号・148号で大出公園の駐車場に
- 白馬駅(10分)「詩の小径」入口(20分) 大出吊橋(5分) 大出公園(5分) 眺望テラス(15分) 水車小屋(25分) 白馬駅
- 白馬村観光課
  長野県北安曇郡白馬村大字北城 7025
  TEL.0261-72-5000

12 日本遺産「葡萄畑が織りなす風景」
勝沼ぶどう郷駅からぶどう畑の道

ぶどうの丘を下り、ぶどうとワインの守護聖人サン・ヴァンサンの像を探しにいく

甲 州市勝沼は丘の上から見渡すと、一面のぶどう畑。ぶどう棚のあいだに埋もれるようにして点在する民家は、緑の海に浮かぶ船のようだ。ここは、まさに「ぶどう郷」。丘の道を歩いていたら、道ばたにヨーロッパの村に立っていそうなワインの聖人の彫像まであった。

害虫や病気からぶどうの実を守るため、房ごとに袋をかけて育てる

初夏、若葉を見に行き、秋、ぶどう狩りにも行き

　東京から山梨に向かう際、車も電車も笹子を過ぎると長いトンネルに入る。暗闇をようやく抜けて甲府盆地に出たとたん、行く手に空と大地が広がり、爽快な気分になる。

　車の人は、中央自動車道なら勝沼インターで下りて、国道20号なら大善寺の門前を過ぎて、フルーツラインと呼ぶ広域農道を北上すると、初夏のよく晴れた日には、残雪の南アルプスを背景に若葉のぶどう畑が広がる景色を見ることができる。山梨県峡東地域のこの絶景は「葡萄畑が織りなす風景」として日本遺産に認定されている。

　電車はトンネルを抜けると、すぐに勝沼ぶどう郷駅に着く。改札を出たら駅舎の北にある甚六桜公園に行こう。旧勝沼駅はスイッチバック方式の駅だったため、プラットホーム跡が公園になっていて見晴らしもよい。

　勝沼のぶどう畑の風景は、欧州を思わせるモダンな雰囲気があるが、甲州の果樹栽培の歴史は古く、江戸時代の『甲斐叢記』に「八珍果」として、林檎、柿、柘榴、栗、葡萄、梨、銀杏、桃が出てくる。ぶどうは甲州街道を馬で運び、江戸に出荷した。以前は芭蕉の句と信じられていた「勝沼や馬子もぶどうを食ひながら」のような光景が、見られたことだろう。

　勝沼を訪れるのは、ぶどう狩りの季節もいい。毎年、ぶどう園から今季の案内を記した暑中見舞いのはがきが届く。手に取ると、ぶどう畑の風景が思い出され、清々しい気分になる。

迷路のようで楽しいぶどう畑の道

　勝沼ぶどう郷駅を出ると、ぶどうの丘は正面に見える。線路に沿うように北に歩き、甚六桜公園を抜け、ぶどう畑のあいだを案内標識に従って進む。迷路のような道だが、案内板があちこちにある。たとえ迷ったとしても遠い距離ではないうえ、ぶどう畑をさ迷うのは、日本では貴重な体験。ここでは道迷いを楽しみたい。

上）中央本線に沿って残る旧勝沼駅のプラットホーム。現在は花見の名所、甚六桜公園
下）「ぶどうの丘」の案内板を頼りに、ぶどう畑のあいだの迷路のような道を進む

左）ぶどうの丘は甲州市営の施設。泉のビーナスは、ぶどうの房を掲げている
右）ぶどう畑を背にして立つサン・ヴァンサンの像。手に杯を持ったまま固まっている

　ぶどうの丘の北麓から坂を上ると、ビーナス像の立つ泉の奥に館内入口。売店、レストラン、温泉などもあるので入ってみよう。館を抜けると「恋人の聖地」と記した展望テラス。眼下にはぶどう畑が広がり、正面は南アルプスまでさえぎるものがない。右手には奥秩父の山々が間近に見える。景色を満喫して、優雅にくつろごう。

　帰路は寄り道をしてみよう。丘の西斜面の道端に「サン・ヴァンサン、ぶどうとワインの守護聖人」という彫像が立っている。素朴なような、洗練されているような味わいのある像だ。説明板にある「建像・荻野ハンナ」という名前は、『日本のワイン・ロマンチック街道』の著者の料理研究家。この彫像の男が、なぜ杯を持っているのか、説明板を読みにいこう。

　彫像からは来た道を戻り、丘の南斜面をまわり込んでからぶどう畑の間を東に下り、田草川の小橋を渡って、駅まで坂道を上る。

　車の場合は、ぶどうの丘の駐車場が便利。館内や展望を楽しんだら、丘を中心にぶどう畑の道も歩いてみよう。

ぶどうの丘の展望テラス。甲府盆地の彼方に連なっているのは南アルプスの山々

大日影トンネル遊歩道を探索

　勝沼ぶどう郷駅のすぐ南に、中央本線の新トンネルの建設によって廃線になった旧トンネルを活用した「大日影トンネル遊歩道」がある。鉄道や近代の産業遺産が好きな人は、1903（明治36）年に開通した当時をしのばせるレンガ造りの入口を見るだけでも訪れる価値がある。全長約1.4キロの旧トンネルは、遊歩道として開放されているので、入ってみるといい。新潟県の「親不知レンガトンネル」、群馬県の「アプトの道」など、トンネルを活用したハイキングコースはほかにもあるが、ここはレールが敷かれているため、前方から列車が走ってきそうな臨場感がある。完歩を目指すと往復約1時間かかるため、途中で引き返すのもいい。

このトンネルの開通により、ぶどうやワインを短時間で大量に東京に運べるようになった

INFORMATION

1時間　　春 夏 秋

甲州市勝沼 ぶどうの丘
営業時間（施設により異なる）売店は8時30分〜20時／定休日なし、臨時休あり／入館無料。利用料金は施設により異なる／山梨県甲州市勝沼町菱山5093／TEL.0553-44-2111

大日影トンネル遊歩道
通行時間9時〜16時／年末年始休／入場無料／TEL.0553-32-2111（甲州市役所観光商工課）

鉄道・バス／JR中央本線「勝沼ぶどう郷駅」下車
車／中央自動車道「勝沼IC」から国道20号とフルーツラインで勝沼ぶどうの丘の駐車場に

勝沼ぶどう郷駅(5分) 甚六桜公園(20分) ぶどうの丘(10分) サン・ヴァンセンの像(10分) 田草川の小橋(15分) 勝沼ぶどう郷駅

甲州市役所観光商工課
山梨県甲州市塩山上於曽1085-1
TEL.0553-32-2111

勝沼ぶどう郷駅からぶどう畑の道

13 春に花見に訪れた里を初夏に歩く
わに塚のサクラと武田八幡宮

梅雨前、わに塚のサクラは、田植えを終えた水田に囲まれる。緑が最もみずみずしい季節だ

北に八ヶ岳、北東に茅ヶ岳、南に富士山を見渡す釜無川のほとりの丘の上。田畑に囲まれた塚の上に大きな一本桜がある。塚の名を取って「わに塚のサクラ」という。満開になると麗しく華やかだが、若葉、青葉のころもよい。甲斐武田氏ゆかりの神社も合わせて訪れたい。

武田八幡宮は、武田の里の高台に鎮座し、社前からは韮崎の街と山々を一望

左）4月上旬、わに塚のサクラが咲くと、見物客が大勢集まる。背景の残雪の山は、八ヶ岳　上）観光写真などには写っていないが、わに塚のサクラのそばには送電鉄塔がそびえている

一本桜は満開も、葉桜も美しい

　山梨県韮崎市の甘利山の東麓の田園に「わに塚のサクラ」と呼ぶ一本桜の巨木がある。釜無川に臨んで見晴らしがよく、春、花咲くころになると、残雪の八ヶ岳や富士山を背景に立つこの木を観賞するため、見物客が集まる。

　一本桜には、集合の美で魅了する桜の並木や林とは異なり、世俗を離れて生きる孤高の人のような魅力がただよう。いかに巨木や名木でも、花のない季節に桜の木を見に行く人はあまりいないようだが、私は春に花を見た一本桜を、季節を変えて訪ねるのが好きだ。茂った葉に励まされる気がする。

　わに塚のサクラは樹形がよく、葉桜になっても美しく、見ごたえがある。それにハイキングには、花曇りや花冷えの日の多い春よりも、初夏のさわやかな気候の方が向いている。わに塚のサクラのまわりでは田植えが終わり、水の中を早くもおたまじゃくしが泳ぐ。木立も草むらも見るものすべて、生き生きとしている。

　韮崎市のあたりは甲斐武田氏の発祥の地で「武田の里」と呼ばれる。わに塚のサクラの近くには、武田八幡宮や願成寺といった武田氏ゆかりの古社古刹がある。説明板などもあちこちに立ち、わに塚のサクラと合わせて歩けば、短いハイキングだが、歴史探訪の旅になる。そしてなによりも、急坂を上るようなことはないのに、ずっと見晴らしがよいのがいい。

この里の鎮守、武田八幡宮にも参拝

　韮崎駅前から歩き出し、まずは釜無川にかかる武田橋を目指す。橋のたもとまで来ると、対岸に甘利山に連なる山々が横たわる。その麓が今日の目的地だ。渡る橋の上からは、上流側に

6月上旬、春の満開の写真と同じ場所から撮ったわに塚のサクラ。青空がまぶしい

八ヶ岳、下流側に富士山が見える。

　渡り終えたら堤の道を上流に進み、中学校を過ぎて左折し、まっすぐな道を前進。道はやがてゆるやかな上りになり、「武田八幡宮入口」の交差点。ここを右折してもわに塚のサクラに行けるが、さらに直進して公民館のある交差点を右折した方が、高台で景色がよい。道なりに進むと、一本桜が見えてくる。景色としては、わきに送電鉄塔がそびえているのが残念だが、切られることなく残ったのは幸いだ。

　わに塚は、漢字で書くと「王仁塚」か「鰐塚」。名の由来は、日本武尊の子の武田王(やまとたけるのみこと)を葬った地とも、寺社にある鰐口に形が似ているからともいう。この木の樹齢は約330年。隣の北杜市にある樹齢2千年という山高神代桜(やまたかじんだい)に比べれば、青年のようなもの。桜の古木にはエドヒガンが多く、どちらの木もエドヒガン。わに塚のサクラは、まだまだ大きくなることだろう。

　桜見物のあとは、甲斐武田氏の氏神、武田八幡宮に参拝。武田の里を一望する高台に鎮座し、いかにもこの土地の鎮守の宮。深い森に囲まれた社殿のたたずまいが、とてもよい。

　駅への帰途には、武田信義(のぶよし)が中興した願成寺がある。田畑の間をゆるやかに下っていくと、釜無川の岸。武田橋を渡って駅に戻る。

上) 武田の里の古社、武田八幡宮。石垣の上に立つ鳥居の形が独特。杉の木も風格がある
下) わに塚のサクラの花見の帰り、畑の間を下る。道の先には花に包まれた願成寺が見える

巨大な武者の像がある為朝神社

源為朝像が描かれている為朝神社の御朱印。実物の像は色彩が施され、生きているよう

　武田八幡宮の末社、為朝神社は、社殿は小さく簡素だが、中には源為朝の巨像があり、初めて見た人は驚くことだろう。為朝は平安時代の武将。源為義の8男で、一時期、九州に勢力を張ったため「鎮西八郎」と称した。源頼朝の叔父にあたる。弓矢に勝れた剛の者だが、保元の乱で敗れて伊豆大島に流され、そこで疱瘡神を退治したことから、江戸時代には疱瘡除けの神として崇められた。
　為朝にまつわる伝承は多く、追討されたとも沖縄で琉球王の祖になったともいう。地元の史料によれば、鬼が島から鬼を2匹連れて武田信義公を頼り、武田に居住し生涯を終えたと記されている。
　為朝は『保元物語』によると、背丈7尺から8尺（約210〜240センチ）の大男。実際に、この巨像ぐらいあったのかもしれない。

INFORMATION

- 2時間　春 夏 秋
- **武田八幡宮社務所**
  直書き御朱印の受付時間10時〜12時、13時〜15時／月曜・水曜休、臨時休あり／山梨県韮崎市神山町北宮地1185／TEL.0551-33-9370
- **鉄道・バス**／JR中央本線「韮崎駅」下車
  車／中央自動車道「韮崎IC」から県道27号・602号で、わに塚のサクラ駐車場。桜の開花期には臨時駐車場もある
- 韮崎駅(15分) 武田橋(35分) わに塚のサクラ(15分) 武田八幡宮(5分) 為朝神社(25分) 願成寺(10分) 武田橋(15分) 韮崎駅
- **韮崎市観光協会**
  山梨県韮崎市水神1-3-1　TEL.0551-22-1991

14

平安時代から和歌に詠まれた景勝地

姨捨の棚田

長尾根からは姨捨の棚田の全景を眺めることができる。遥かに見える山は飯縄山や戸隠山

こ こを訪れるのは鉄道がいい。姨捨駅は全国屈指の眺めのよい駅。ホームに降り立つと、眼下に棚田を見渡し、その先には千曲川が流れ、さらには善光寺平とも呼ぶ長野盆地が広がっている。開豁な田野とは、こういう景色をいうのだろう。姨捨の風景の大きさは感動的だ。

姨捨の棚田のオーナーになっている小学校の田には、かわいい案山子が立っていた

姨捨の棚田から姨捨山とされる冠着山を見る。『今昔物語集』には「冠山」が姨捨山とある

日本人の心の琴線に触れる姨捨の景色

姨捨の棚田は、広大な風景を眺めて歩いているだけで、十分満足できるところだが、古来、月の美しさを詠んだ和歌や俳句、老人を山に捨てた物語で名高いため、古典文学を少し知っていると、より楽しめる。詳しいことは、現地にある千曲市日本遺産センターの展示を見て学ぶとして、有名なものを二つだけおさえておこう。

一つは、平安時代の『古今和歌集』の読人知らずの歌「わが心慰めかねつ更級や姨捨山に照る月を見て」。信濃国更級郡の姨捨山の輝く月を見ても、私の心の悲しみは晴れなかったという内容の和歌だ。

この歌の影響で、姨捨山は月の名所として歌枕になるほど多くの和歌に詠まれるようになる。『古今和歌集』の歌は、旅人がひとり寂しく、月の美しさを詠んだだけともとれるのだが、棄老伝説と合わさって、『大和物語』や『今昔物語集』では老いた伯母を山に捨てた男が詠んだ歌になり、世阿弥の作とされる能『姨捨』では、捨てられた老女が詠んだ歌になる。

もう一つは、江戸時代、松尾芭蕉が木曽路を通って姨捨山に月見に出かけたときの俳諧紀行『更科紀行』の句「俤や姨ひとりなく月の友」。姨捨山で月を眺めていると、ひとり泣く老女の姿がしのばれると解釈できる。

姨捨の棚田は、歌川広重の浮世絵などに描かれたことで、夜、水面に月が映る「田毎の月」も有名。しかし、まずは昼間、ハイキングに行ってみよう。きっと広大な風景に魅了され、季節や時間を変えて再訪したくなることだろう。そうしたら月見もするといい。

棚田の間の道を長尾根まで歩く

姨捨駅を出たら踏切を渡り、坂道を下りていくと、右に長楽寺、左に日本遺産センターがある。同センターの展示を見てから長楽寺へ。本堂、観音

棚田の道を歩く。大小さまざまな三日月形や半月形の田が、階段状に並んでいる

田植えのころに歩いたら、実りの秋にも行きたい。はぜかけの風景が、昔話の世界のようだ

堂、月見堂などのあいだに句碑が立ち並ぶ。芭蕉が訪れて以降、俳人にとって聖地だ。

　境内には「姨石」という巨岩がある。現在は、姨捨山は冠着山(かむりき)の別名とされているが、姨石が姨捨山という言い伝えもある。石の上からは、棚田が見える。目をこらすと、狭くて細長い区画に小さな田が集まる「四十八枚田」も見える。それが、中秋の前に稲を刈り、水を張って、長楽寺から名月を眺めたという「田毎の月」の場所。広重が『六十余州名所図会』に描いた絵は「田一枚一枚に月が映り、非現実」と批評されたりするが、狭い区画に月光が差せば、全体が反射して、あたかもすべての田に月が映っているように見えたのかもしれない。

　長楽寺を出たら棚田の農作業の拠点、姪石苑(めいしえん)の前を通って、長尾根に行こう。姨捨の棚田の中で最も見晴らしがよい場所で、南に冠着山、東に鏡台山、北に飯縄山(いいづなやま)や戸隠山が見える。

　棚田は年に何度か訪れると、田植え、稲刈りなど異なる風景を見せてくれる。ここの景色が気に入ったなら、棚田を貸す制度もあるので、千曲市経済部に問い合わせてみるといい。

上）日本遺産センターの展示で姨捨山の歴史と文化を学ぼう。レストランも併設
下）月の名所の姨捨の中でも長楽寺は、「田毎の月」を観賞する地として特別な場所

千曲川は奥秩父に発し、信濃川になる

　姨捨の棚田の眼下を流れる千曲川は、新潟県まで下ると信濃川に名が変わり、本書6コース小千谷の山本山高原の麓を流れていく。

　上流を訪ねると、1コース上高地の梓川（あずさ）は、千曲川の支流。本流は佐久盆地から小海線に沿い、源流は奥秩父の甲武信ヶ岳（こぶし）の沢。その場所は、8コース西沢渓谷と尾根を一つ隔てているだけ。同じ山に降る雨が、北側に流れれば、千曲川から信濃川になり日本海、南に流れれば、笛吹川から富士川になって太平洋に注ぐ。

　千曲川にも名歌がある。『万葉集』の東歌「信濃なる千曲の川の小石も君し踏みてば玉と拾はむ（さざれし）」。河原の小石もあなたが踏んだら私にとっては宝石という意味の純情な愛の歌だ。川の流れに沿って歩く旅は興味深いものがある。

甲武信ヶ岳の山中に立つ「千曲川・信濃川水源地標」。河口の新潟港までは367キロ

INFORMATION

🚶 2時間　　📅 春 夏 秋

🏠 **千曲市日本遺産センター**
開館時間9時～18時（11月～3月は17時）／月曜（祝日の場合は翌日）・祝日の翌日・年末年始休／入館無料／長野県千曲市八幡4993-1／TEL.026-273-4170

📍 **鉄道・バス**／JR篠ノ井線「姨捨駅」下車／長野自動車道「更埴IC」または「姨捨スマートIC（松本方面からの下り線の出口）」より日本遺産センターの駐車場に

🕐 姨捨駅（20分）千曲市日本遺産センター（5分）長楽寺（10分）姨石苑（30分）長尾根（25分）姨石苑（10分）長楽寺（20分）姨捨駅

ℹ️ **千曲市 経済部 日本遺産推進室**
長野県千曲市杭瀬下2-1
TEL.026-273-1111

姨捨の棚田

15

古い町並みと田園風景が残る歴史の道
筑波山麓のつくば道

つくば道の神郡の古い町並みを歩く。正面には筑波山の二つの峰がずっと見えている

古

道歩きは、自然と歴史を同時に楽しむことができる。景色がよければ、なお楽しい。筑波山の南麓の「つくば道」は、古い家並みや田園風景を眺めながら、歴史の道をのんびりたどるハイキングコース。「日本の道100選」にも選ばれており、歩く人が、もっともっと増えてもよい道だ。

大池公園の北条大池。桜が満開だと歩き出すのはやめて、いつまでも眺めていたくなる

筑波山は幸いの住む山

　筑波山は眺めて美しい山だ。八溝山地南端の山で独立峰のように見えるうえに、女体山と男体山の二つ頂を持つ双耳峰で、どちらの峰もピンと天を突き、山の端を裾野に向かって、すらりとのばしている。一見、火山のような山容だが、実は、地下で冷え固まったマグマ起源の岩が隆起し、風化浸食を受けて山になったという。

　江戸時代の浮世絵師、歌川広重は『名所江戸百景』の連作で、北の空に筑波山を描いていることが多い。どの絵も筑波山が添えられることで風光明媚になり、理想郷のように仕上がっている。現代でも筑波山を取り巻く地域は、筑波山が見えるだけで、どこか明るい雰囲気が感じられる。筑波山は人々に幸せや安らぎをもたらしてくれる山なのだろう。

　筑波山の登山はケーブルカーやロープウェイを利用する人が多く、歩いて上る人も筑波山神社までバスや車で行く人が大半だ。しかし、道は麓から山頂まで続いているもの。筑波山の南側には麓から筑波山神社まで「つくば道」という古道がある。歩きやすく、景観のよい道で、ハイキングに向いているので、出かけてみよう。

　つくば道は、江戸時代、3代将軍家光のとき、山腹の中禅寺（現在の筑波山神社）の改修にあたり、資材を運ぶために造ったという。それがのちに参詣道になった。南麓から筑波山神社まで、ほぼ直線に延びているのが特徴で、筑波山を正面に見ながら進む。途中の古い町並みや田園風景も楽しみなハイキングだ。

筑波山に向かって真っすぐ進む道

　つくば道を歩く前に大池公園と平沢官衙遺跡を訪ねよう。大池公園の北条大池は、桜の名所。風がやむと、水に筑波山と花が映る。平沢官衙遺跡は、奈良・平安時代の役所跡。筑波山麓

左）北条の三差路に立つ「つくば道」の道標。筑波山神社までは徒歩約1時間半　右）平沢官衙遺跡には収税した作物を納めた大型の高床式倉庫が復元されている

は、歴史の古い土地で、平沢周辺には古墳群なども点在している。

　つくば市北条の三差路まで行くと「これよりつくば道」と刻んだ大きな石の道標が立っている。「にし江戸」とも刻まれている。道標の向かいには「日本の道100選」の碑がある。

　道標に従い、つくば道を進むと、緑が増えていく。広い県道に合流するが、すぐに分かれて郵便局のある道を進み、普門寺の門前を行く。このあたりの地名を神郡といい、道の両側に蔵造りや黒板塀の古民家が立ち並び、趣のある町並みが続く。

　逆川の橋を渡ると水田が広がり、筑波山が麓から山頂まで全貌を現す。整った山容を実感する場所だ。田園地帯を過ぎると、つくば道はようやく上りになる。一の鳥居をくぐり、さらに上る。道の傾斜は次第に急になるが、歩きやすい道で、どんどん標高が上がっていく。

上）筑波山郵便局の旧局舎。レトロな雰囲気の木造建築。石段の道も風情がある
下）上りつめた上にも「つくば道」の標柱。バスで帰らず、来た道を下るのもいい

　道が二股になったら、道標の「行き止まり」の方を上がる。石段があるためで、人は上がることができる。筑波山郵便局の旧局舎前を通り、さらに石段を上ると筑波山神社の下の道に出る。西に行けばバス停だが、せっかく麓から歩いて来たのだから参拝してから帰ろう。

逆川の流域には水田が広がり、筑波山を麓から山頂まで見ることができる

74

筑波山と霞ヶ浦の眺めがよい宝篋山（ほうきょう）

　大池公園からは筑波山と反対側に山の上に建物のあるなだらかな山が見える。宝篋山といい、標高461メートルの低山だが、山頂からの見晴らしがとてもよい。筑波山を望むだけでなく、目を転じると眼下に霞ヶ浦が広がっている。もちろん、関東平野も一望できる。あまりにも眺めが素晴らしく、一度登ると天気の様子を見て遠くまで見えそうな日には、また登りに行きたくなる。

宝篋山の山頂には、筑波山に向かってベンチや椅子がある。霞ヶ浦の側にもある

　宝篋山という難しい山名の由来は、山頂に古い宝篋印塔（ほうきょういんとう）が立っていることに由来する。大池公園から登山道があるほか、南西麓の小田城跡からも道がある。小田城は、中世、常陸国南部に勢力を張った小田氏の居城。遺構を復元した広場があるので歴史好きは立ち寄るといい。

INFORMATION

- 2時間20分　　春 夏 秋 冬
- 平沢官衙遺跡の歴史的建造物等復元ゾーンと案内所
  開館時間9時〜16時30分／月曜(祝日の場合は翌日)・年末年始休／入館無料／茨城県つくば市平沢353／TEL.029-867-5841
- 鉄道・バス／つくばエクスプレス「つくば駅」より、つくバス小田シャトルで「大池・平沢官衙入口」下車。または、JR常磐線「土浦駅」から関東鉄道バスで「平沢官衙入口」下車
  車／常磐自動車道「土浦北IC」から県道125号で、つくば市営筑波山麓平沢駐車場に
- 大池・平沢官衙入口バス停(10分) 平沢官衙遺跡(25分) つくば道の道標(30分) 神郡の古い町並み(30分) 一の鳥居(30分) 筑波山神社(15分) 筑波山神社入口バス停
- つくば市 経済部　観光推進課
  茨城県つくば市研究学園1-1-1
  TEL.029-883-1111 (平日8時30分〜17時15分)

筑波山麓のつくば道　75

16 眺めのよい山に登り、のどかな田園に下る
秩父の日向山から寺坂棚田

寺坂棚田から武甲山を望む。山麓にセメント工場の煙突が見える。秩父らしい風景だ

横瀬町の日向山は、その名のとおり、日当たりのよい山。春夏秋冬いつでものどかな山歩きができる。山頂のすぐ下まで、いちご農家などの集落があるため、道も歩きやすい。寺坂棚田は、武甲山を望む高台に水田が広がる。うららかな春の日、東屋に座っていると、時がたつのを忘れる。

寺坂棚田に生えている桑の木。田植えのころ実が熟し、濃い紫色になる

あちこちから見える武甲山

　東京近郊に住んでいるハイカーにとって、奥武蔵・秩父はなじみのフィールド。信州の高原や奥日光の湖といった絶景を集めたこの本に「埼玉県の低山が入る余地はないのでは」と思うかもしれないが、奥武蔵・秩父にはハイキングに適した里山が多い。私のお気に入りを1カ所だけあげると、横瀬町芦ヶ久保の日向山。理由は、アクセスがよいこと、眺望に恵まれていること、山頂近くまで集落があり、安心して登れること。山頂を往復するだけでも楽しいハイキングになるが、下山は林道を西にたどり、寺坂棚田に足を延ばしてみるのも面白い。

　芝桜の花が咲く4月、ベテラン新聞記者のIさん、カメラマンのTさんと、秩父市の羊山公園から寺坂棚田まで歩いたことがある。Iさんが強く心を動かされたのは、一面ピンクに染まった芝桜の丘よりも、春の息吹を感じさせる田植え前の寺坂棚田の方だったようだ。武甲山の麓に広がる耕地を眺めて、「ここは秩父を象徴する場所だ」と感嘆しきりだった。美しい景色を見慣れているはずのTさんも、ひっきりなしにシャッターを押していた。

　日向山から寺坂棚田に下る林道の途中、道端から秩父盆地を一望できる場所がある。秩父の市街が眼下に広がり、荒川に架かっているハープ橋とも呼ぶ秩父公園橋が見える。寺坂棚田も見える。盆地の奥にそびえる巨大な岩塊のような形の山は、両神山。一見の価値がある雄大な風景だ。

芦ヶ久保は果樹と花の美しい集落

　芦ヶ久保駅を出て、道の駅の構内を抜け、横瀬川を渡る。国道を上流に少し歩き、「芦ヶ久保果樹公園村入口」の標識で左折。道はすぐに二股に分かれる。左の狭い道を進み、茂林寺

芦ヶ久保駅を出ると、道の駅の駐車場の向こうに日向山の山頂が見える

左）日向山の頂上の展望台。横瀬川の谷を隔てて武甲山がそびえている

右）林道を下っていくと、眼下に秩父盆地が広がる。手前に寺坂棚田、奥に両神山が見える

を右に見て、家や畑の間を上がっていく。分岐ごとにある道標では「山の花道」を示す方を選ぶ。日向山の南斜面の芦ヶ久保の集落には、いちごやぶどうなど果樹を栽培する農家が多い。

　農村公園には入らず車道を上がり、トイレを過ぎて少し行くと、右側に「日向山」の道標が立ち、キウイ棚をくぐる小道がある。小道は「山の花道」に続く。上るにつれて背後にそびえてくる武甲山の眺めが素晴らしい。

　日向山の頂の展望台からの景色もいい。武甲山の右には長野・山梨県境の、奥秩父の山々が連なっている。

　山頂からは稜線の道を西に歩き、標識に従って琴平神社に下りる。神社から林道を西に進んでいくと、高台の別荘地になる。道が左にカーブしながら下る地点で、木立のあいだから秩父盆地と取り巻く山々のパノラマが展開する。森と田畑と家々が織り成す絶景を目に焼き付けて、山を下りよう。

　麓の道に下りたら寺坂棚田を目指す。棚田の駐車場にトイレ、高台に東屋がある。東屋から見渡すと、さまざまな形の田がパッチワークのように並んでいて、造形美に感心してしまう。

　寺坂棚田からは横瀬駅に向かう。途中の歴史民俗資料館は、武甲山と地元の人々の暮らしの展示が充実している。立ち寄ってから帰ろう。

横瀬町歴史民俗資料館は、武甲山の自然、信仰、麓の人々の生活や歴史の展示が充実

芦ヶ久保に獅子舞を見に行こう

芦ヶ久保の獅子舞。若い雄獅子と年配の雄獅子が、雌獅子を争うように舞う

　奥武蔵・秩父には、鎮守の神社の祭礼に「三匹獅子舞」を奉納する集落が多い。芦ヶ久保では、獅子舞を「ささら」とも呼び、伝承によると、江戸時代に越後から来た僧が伝え、厄除けのために続けてきたという。

　三匹獅子舞は、2人で1頭の獅子を操る太神楽の獅子舞とは異なり、1人が1頭を演じ、若い雄獅子、雌獅子、年配の雄獅子の3頭で1組となり、ささらをすり鳴らす4人の花笠に囲まれ、太鼓を打ち鳴らしながら激しく舞う。演目は8種類あり、最後の舞の歌は「いつまでも遊びたけれど、日もまわる、いとまもらって帰る小ざさら」という。獅子舞は昔から村人々の楽しみだったのだ。8月16日、白鬚神社でおこなわれるが、道の駅が会場になる場合もある。

INFORMATION

🪑 3時間10分　　📅 春　夏　秋

🏛 **横瀬町歴史民俗資料館**
開館時間9時～16時30分（入館は16時まで）／月曜（祝日の場合は翌日）・国民の祝日・年末年始休／入館200円、小中学生無料／埼玉県秩父郡横瀬町大字横瀬2000／TEL.0494-24-9650

📍 **鉄道・バス**／西武秩父線「芦ヶ久保駅」下車
車／関越自動車道「花園IC」から国道140号・299号で、道の駅あしがくぼ第二駐車場に

🕐 芦ヶ久保駅（5分）道の駅果樹公園あしがくぼ（75分）日向山山頂（20分）琴平神社（30分）秩父盆地の眺めがよい場所（40分）寺坂棚田（10分）歴史民俗資料館（10分）横瀬駅

ℹ️ **横瀬町役場振興課**
埼玉県秩父郡横瀬町大字横瀬4545
TEL.0494-25-0111

秩父の日向山から寺坂棚田

17 奥三河の歴史と渓谷美を訪ねる旅
足助の町並みと香嵐渓

足助の町は街道に面して平入と妻入の町家が混在して並ぶ。手前は商家の旧田口家住宅

古い町並みと清流が自慢の町はあちこちあるが、足助のよさは、歴史の町並みを流れる川と、香嵐渓の川が、町の入口で落ち合っていること。バスを下りたら、その日の気分で、情緒ある通りを散策したり、渓谷の遊歩道を歩いたり。今日は張り切って、どちらも行ってみよう。

明治以降も栄えた足助の町の通りには、ホーロー看板がよく似合う

左）清流と緑が心地よい香嵐渓。待月橋は新緑にも青葉にも紅葉にも映える　右）岸にせり出して家々が立ち並ぶ足助川沿いの景色も風情がある

信州に塩を運んで栄えた町

　愛知県豊田市足助町は、足助川沿いの歴史の町並み散策と、巴川沿いの緑豊かな渓谷ハイクのどちらも楽しむことができる。しかも、それぞれ本格的で、町並みは国の重要伝統的建造物群保存地区に指定されている。「香嵐渓」という風雅な名の渓谷は、東海地方で指折りの紅葉の名所だ。

　江戸時代、足助の町は、西は尾張の名古屋城下、南は三河の岡崎城下という位置にあった。東に向かう道は、伊那街道、三州街道、中馬街道など呼ばれ、南信州から伊那谷を北上し、飯田城下を経て、中山道の塩尻宿に至った。中馬街道の「中馬」は、馬による荷物の運送のことで、賃馬、中継馬が語源らしい。

　足助の町の通りは、尾張、三河、信州の物資の中継ぎで栄え、なかでも塩問屋が繁盛した。矢作川河口の塩田で生産した塩は足助に運ばれ、俵に詰め直し、「足助塩」と称して伊那地方に運んだ。本書24コース塩尻の霧訪山の東麓、長野県上伊那郡辰野町小野に「南塩終点の地」碑があるが、足助塩は、そのあたりまで届いた。

　香嵐渓については、『足助町誌』によれば、古刹の香積寺は江戸時代から紅葉の名所だったが、渓谷全体が観楓の観光地として整備されたのは大正のころからで、青年団など地元の人々が協力して岸に楓と桜を植えた。そして、昭和初期、香積寺の「香」の字と清流を渡る爽涼の嵐気から、香嵐渓と名付けたという。

マンリン小路と香嵐渓の待月橋は必見

　豊田市役所足助支所前の「香嵐渓」バス停で下車したら、まずは歴史の町並みを歩きにいこう。巴川にかかる巴橋を渡るとき、上流に香嵐渓のシン

漆喰の白い壁と黒い下見板のコントラストがおしゃれなマンリン小路

ボル、待月橋(たいげつきょう)が見える。あとで橋の上から川を眺めるのが楽しみだ。

巴橋を渡り、常夜灯のある「香嵐渓」の交差点を左折。次を右折。しばらく歩いて左折といった感じで進むと、瓦屋根が独特な足助商工会館の前を通り、足助川の中橋に出る。橋を渡って右折すると、通りの両側に塩問屋や呉服屋だった町家が軒を連ねている。扱う商品は昔とは変化しているとはいえ、今も営業している商店や公開している建物が多く、町に活気が感じられ、歩いて楽しい。通りに面した店は、間口に比べて奥行きがあり、店と店の間の路地歩きも面白い。なかでも書店の隣のマンリン小路は、漆喰(しっくい)の白壁と黒い下見板のコントラストが美しい。マンリンという路地名は、書店の屋号が万屋(よろずや)で、主人は代々、林右衛門を称したことに由来する。

町並みを抜け、今朝平橋(けさだいら)のたもとまで来たら折り返し、古い町並みを西に歩き、常夜灯のある「香嵐渓」交差点まで戻って、香嵐渓に向かう。巴川をさかのぼるように遊歩道を南に歩く。待月橋で川面を眺め、香積寺の門前の石段を横切り、香嵐橋まで行こう。香嵐橋を渡ると、水際に下りられる階段がある。リフレッシュしたら遊歩道を戻り、香嵐渓のバス停へ。名物の五平餅を食べるのも忘れずに。

香嵐橋まで歩いたら、水辺で休んでから折り返そう

足助八幡宮に足の健康を願う

　ハイキングや登山が趣味の人は、足助の町を去る前に、豊田市役所足助支所の隣に鎮座している足助八幡宮に参拝するとよい。縁起によると、飛鳥時代に創建された古社で、祭神は品陀和気命、帯中日子命、息長帯比売命だが、難しそうな来歴はともかく、昔から伊那街道を旅する人が、道中の安全を祈願してきた神社だ。現在でも「足助」という地名にあやかり、足の健康を願ってお参りする人が絶えない。境内の御足宮には、足形の絵馬がたくさん奉納されている。「足腰が治りますように」「自分の足で歩けますように」など記された切実な願いごとを読むと、自分も足の健康に気を付けようと自戒を込めて手を合わせたくなる。

足助八幡宮の御朱印。境内の御足宮には足形の絵馬がたくさん奉納されている

INFORMATION

- 2時間
- 春 夏 秋 冬

足助八幡宮社務所
受付時間9時30分～15時30分／愛知県豊田市足助町宮ノ後12／
TEL.0565-62-0516

鉄道・バス／名鉄三河線「豊田市駅」より名鉄バスで「香嵐渓」下車
車／東海環状自動車道「豊田勘八IC」より国道153号で宮町駐車場、足助中央駐車場などに

香嵐渓バス停（3分）巴橋たもとの常夜灯（7分）中馬の道の碑（5分）マンリン小路（20分）今朝平橋（30分）巴橋たもとの常夜灯（8分）待月橋（20分）香嵐橋（25分）足助八幡宮（2分）香嵐渓バス停

豊田市 足助観光協会
愛知県豊田市
足助町宮平 34-1
TEL.0565-62-1272

足助の町並みと香嵐渓

18 これこそが、まさに「天空の城」
岩山の頂にある苗木城跡

天守展望台に上ると大展望が広がる。木曽川の対岸は中津川の市街地、高い山は恵那山

木曽川を見下ろす岩山の絶頂に石垣を組み、柱を立てて天守を築き、居城とした遠山氏という大名がいた。堅固なこと極まりない城郭なのだが、目の当たりにすると、空想の産物を巨大な芸術作品として創ったようでもある。「天空の城」とは、まさに苗木城のための言葉だ。

苗木遠山史料館は、苗木城と城主の遠山氏に関する展示が充実している

足軽長屋跡から本丸の天守台を眺める。まさに、天空の城だ

木曽川流域の山や町を見渡す絶景

「天空の山城」と聞いても、またかと思うだけで、あまり気にとめていなかった。それが、石畳の道を上って、苗木城の本丸の天守跡が初めて見えたとき、驚いた。眼前に「天空の城跡」が、実在した。岩山の頂に石垣を築き、懸造りの舞台を載せた風景は、現実離れしていて、江戸時代の城跡というよりは、SF映画に出てくる基地かなにかのようだった。

風吹門跡を抜け、三の丸から本丸の天守に向かって坂を上っていくと、自然石の巨岩に石垣を組み合わせて、岩山全体を堅牢な城郭につくりあげて

バスを降りたら旧城下町を歩いて城跡に向かう。のどかな風景だ

ることを知り、さらに驚いた。これほど岩山を巧みに利用した日本の城は、ほかにはないのではないだろうか。

天守跡は展望台になっている。上ると、眼下は木曽川まで垂直に落ちているかのような崖で、対岸に恵那山を望む大絶景が広がる。

天守から見下ろす城内の眺めも目を見張るものがある。石垣でつくった土台を複雑に組み合わせた大矢倉跡は、城跡というよりは、古代遺跡の神殿跡を見るようで荘厳ささえ感じる。苗木城跡に来て、日本には自分の想像を超える景色が、まだあることに喜びを覚えた。もっと知られてもよい城だ。

巨大な自然石の馬洗岩は必見

苗木バス停から城跡まで旧城下町を歩く。かぎ状に曲がった道や山麓の寺が、往時をしのばせる。苗木遠山史料館は、城郭にくわしくない人ほど、入館した方がよい。苗木城の復元模型を見ておくと、昔の姿がイメージしやすくなり、城跡歩きをより楽しめる。

史料館からは坂道だが、整備された

道で歩きやすい。天守跡の眺めがよい足軽長屋跡では、ひと休みしよう。風吹門跡を入ると三の丸で、北に大矢倉跡、南に天守跡がある。まずは山頂の岩の上に組んだ天守展望台に登り、絶景を楽しもう。巨大な馬洗岩も必見。ずり落ちないのが不思議だ。

　三の丸まで戻ったら、大矢倉跡に上がろう。本丸の天守の眺めがよいだけでなく、この城の設計、縄張りがよくわかる。

　苗木城は、城や歴史の愛好家だけでなく、一般の人でも訪れて決して後悔しない史跡。展望を楽しみに一度、出かけてみよう。

苗木城は岩山にもとからある巨岩に石垣を巧みに組み合わせて城郭を築いている

ひと際、大きな自然石の馬洗石。左上の道を歩く人と比べると、その巨大さがわかる

INFORMATION

- 2時間
- 春 夏 秋 冬
- **中津川市苗木遠山史料館**
  開館時間9時30分〜17時／月曜（祝日の場合は翌日）・年末年始休／入館料330円／岐阜県中津川市苗木2897-2／TEL.0573-66-8181
- **鉄道・バス**／JR中央本線「中津川駅」より北恵那交通バスで「苗木」下車
  車／中央自動車道「中津川IC」より国道257号で苗木遠山史料館の駐車場または苗木城跡第一駐車場に
- 苗木バス停(25分) 苗木遠山史料館(10分) 足軽屋敷跡(5分) 三の丸(15分) 天守展望台(5分) 馬洗岩(15分) 大矢倉跡(20分) 苗木遠山史料館(25分) 苗木バス停
- **中津川市苗木遠山史料館**
  岐阜県中津川市苗木2897-2
  TEL.0573-66-8181

6月、よく晴れた日に入笠山に登る。スズランの咲く草原の先には絶景が待っている

第4章

山、森、展望台

高い場所から眺めたら、どんな景色が広がっているのか知りたくて、山に登った。森を抜けてたどり着いた山上には、花が咲いていた。空が広く、驚くほど遠くの街や川や山並みが見えた。以来、目をつぶると、あの風景が心に浮かぶ。

甘利山の山頂から歩いてきた道を振り返る。麓に見えるのは甲府盆地の街のようだ

19 美の巨匠たちが絶賛した風光
安曇野の光城山から長峰山

光城山の「さくらコース」を上っていく。満開の桜の花のトンネルが続く

安曇野は、西側には常念岳をはじめ、北アルプスの高峰がそびえているが、東側には光城山や長峰山などハイキングに適した低山が多い。なかでも長峰山は展望のよさで名高く、光城山は桜の名所として知られる。うららかな春の日、二つの山をのんびり歩いてみよう。

頭上の桜に目を奪われがちだが、足元を見ると路傍にはスミレの花が咲いている

安曇野から光城山（右）と長峰山（左）を見る。目を凝らすと桜の山道や展望台が見える

桜の光城山、眺望の長峰山

　信州の松本や安曇野には、北アルプスの眺めが素晴らしい丘や低山がいくつもある。子ども連れのピクニックには、城山公園やアルプス公園がおすすめだが、山歩きの好きな人は、春、桜の花が咲くころ、光城山に登りに行こう。麓の登山口から山の上まで、桜の道がずっと続いている。山頂手前の尾根が広くゆるやかになった場所などは、桜の樹海のようだ。花の桜の間からは、安曇野の向こうに残雪の北アルプスが見える。常念岳や大天井岳の雪の頂から清純な風が吹いてくるようで、清々しい気持ちになる。

光城山の登山道の山頂に向かって桜が順に咲いていく様子は、天に昇る龍にたとえられている

　光城山に登ったら稜線伝いに北隣の長峰山に足を延ばそう。長峰山の山頂は、光城山よりもさらに安曇野と北アルプスの眺めがよい。

　1970（昭和45）年、高名な小説家の川端康成、井上靖、日本画家の東山魁夷の3人が、この山を訪れて、景色をほめた。自然を保存しながら開発したい計画を持っていた穂高町（現安曇野市）に招かれた川端が、井上と東山を誘った旅だ。井上は、そのときの川端の様子を「自分より若い画家と肩を並べ、何か熱心に話しながら、安曇野の明るい五月の光の中を歩いておられる、なかなか得難い一幅の絵であった」と書いた。長峰山の山頂には「五月の若緑に蔽われた安曇野はなんと美しかったことか」で始まる東山魁夷の文を刻んだ碑が立っている。

　半世紀前の出来事だが、山の上からの眺めは、それほど変わっていないはず。美に造詣の深い3人がよく見て、よい景色だと言ったのだから、私たちも見に行ってみよう。

長峰山でお弁当の幸せな時間

上）東山魁夷の「安曇野を想う」の碑。長峰山から常念岳や燕岳を眺めたことが記されている
下）光城山の山頂。戦国時代には山城があったという。火伏の神、古峯神社が鎮座している

　田沢駅から光城山の「さくらコース」の登山口まで歩く。西斜面の山道に桜が植えられているため、朝よりも太陽が昇った昼の方が、花は光が当たって輝く。光城山か長峰山の山頂で昼食にするぐらいの予定で、あせらず行こう。車なら登山口の駐車場が混むかもしれないが、電車はそういう心配がなくていい。

　登山口からはジグザグの急な上りが続くが、歩きやすい道で苦にならない。桜だけでなく、足元には可憐なスミレやイカリソウなども咲き、新緑もあざやかで、気分よく上っていける。山頂が近づくと、広い尾根に見渡すかぎり桜が植えられていて、えも言われぬ美しさだ。

　光城山の山頂に着いたら、下山の時間まで、花を眺めて、のんびり過ごすのもよいのだが、できれば、昭和の3人の巨匠が絶賛した景色を見るため、長峰山に行ってみよう。長峰山の山頂は広々としていて、弁当を広げたり、くつろいだりするのに向いている。途中の道は、林道と山道が交錯しているが、要所には道標があり、迷うことは、まずないだろう。

　長峰山からは長峰荘に下山し、麓の道を歩いて、田沢駅や明科駅を目指すこともできるが、光城山に戻り、今年の桜の花を惜しみつつ、上ってきた道を下るのもよいように思う。そして、来年も花を見るため、元気でいよう。

長峰山の山頂。こちらは春爛漫だが、北アルプスの峰々は、まだ雪をいただいている

ナチュラリスト田淵行男の記念館

犀川の西岸、名水百選「安曇野わさび田湧水群」の近くに田淵行男記念館がある。田淵は戦時中の疎開を機に東京から安曇野に移り住んだ昭和の山岳写真家・文筆家で、高山蝶の研究や雪形の調査でも優れた仕事をした。デザインの才能もあり、随筆集『黄色いテント』は、黄色い布の表紙に蝶の形が空押してある美しい本だ。内容は、山頂でその山の形をした石を探して持ち帰ったり、雷鳥の羽根を拾い集めて寝袋を作ったり、現在では不可能な話が多く、興味深い。記念館の館内は広くはないが、作品や愛用の道具などの展示からは、安曇野の風景と山の自然を愛したナチュラリストとしての田淵の生き方がしのばれる。

田淵はNHK連続テレビ小説「水色の時」（1975年）の主人公の父親のモデルでもある

INFORMATION

5時間25分　　春 夏 秋

田淵行男記念館
開館時間9時～17時／月曜（祝日の場合は翌日）・祝日の翌日・年末年始休／入館高校生以上310円、中学生以下無料／長野県安曇野市豊科南穂高5078-2／TEL.0263-72-9964

鉄道・バス／JR篠ノ井線「田沢駅」下車
車／長野自動車道「安曇野IC」から光城山登山口の駐車場に

田沢駅（40分）登山者用駐車場・登山口（60分）光城山（75分）長峰山（60分）光城山（50分）登山者用駐車場・登山口（40分）田沢駅

安曇野市 商工観光スポーツ部 観光課
長野県安曇野市豊科6000　TEL.0263-71-2055

20 秋川の源流を訪ねて、ブナの森を歩く
檜原都民の森から三頭山

新緑のブナの路。春の森は日の光が地面まで届いて明るい。気持ちも明るくなる

東

京都の檜原都民の森は、奥多摩の三頭山にあり、多摩川の支流、秋川の源流を見ることができる。水が湧く沢の周囲は、ブナやカツラなど巨木の森。ピークハントに懸命な登山者は通り過ぎて行くが、山頂の眺め以上に、広大な森と小さな沢の美しさが、この山の魅力だ。

檜原都民の森にある秋川の源流。多摩川に注ぎ、東京湾まで流れていく

左）檜原都民の森の入口。標高千メートル近くまでバスや車で行くことができる
右）ブナの路はムシカリ峠まで、沢に沿って上っていく。足元を流れる水は澄み切っている

川が生まれる巨樹の森

　東京都西部の檜原村は、多摩川で最も大きな支流、秋川の上流域にあたる。あきる野市からバスや車で秋川沿いの都道を行くと、檜原村に入り、川は北側の北秋川と南側の秋川（南秋川とも呼ぶ）に分かれる。そのうち南秋川は、三頭山の東斜面に広がる「檜原都民の森」の沢を源にしている。管理事務所のある森林館から「大滝の路」と呼ぶハイキングコースで三頭大滝。滝からはさらに「ブナの路」を上っていくと、沢の水が涸れる手前で石の間から水が湧き、流れ出ている場所がある。

　山を歩いていて、川が生まれる場所を見るのは、いつも感動的な体験だ。しかし、大きな川の源流はたいてい山深く、たどり着くのはたいへん。その点、ここは遊歩道が整備されていて、容易に見に行くことができる。「都民の森」というくらいで、森のたたずまいが素晴らしい。遊歩道沿いにもカツラ、シオジ、ブナなどの巨木がそびえている。幹に名札の付いている木が多

く、樹種がわかるのもうれしい。森や山の自然についてもっと学ぼうという気にさせてくれる。

　三頭山は、天気がよければ西峰の山頂から富士山、東峰の展望台から東京湾が見えるなど眺望も悪くはないが、この山の素晴らしさは、やはり森と沢にある。自分の体力に合わせ、無理して山頂まで上らず、三頭大滝の少し上流のカツラの巨木があるあたりまで行き、森にたたずみ、沢を流れる水を眺め、野鳥のさえずりを聴こう。それで下山したとしても、この山のよさは十分に享受したことになるだろう。

三頭山にはブナの天然林がある。ブナは白い幹が特徴だが、苔であちこち黒くなっている

沢を歩き、森の息吹を感じる

　都民の森のバス停で下車したら、売店の前を通って階段を上り、森林館へ。館内の動植物の展示は必見だが、下山後に見てもいい。

　森林館から道標に従って、「大滝の路」で三頭大滝を目指す。鹿除けの柵を開けて通り、ウッドチップを敷いた道を進む。吊り橋があり、渡ると三頭大滝の全容が見える。三頭山は、水がよほど豊富に湧く山なのだろう。山頂のすぐ下にある沢なのに大きな滝だ。

　大滝からは沢に沿って「ブナの路」を上る。尾根道のような見晴らしはないのだが、天然林の美しさが感じられ、澄んだ水の流れる沢を渡ったりするところもあり、歩いていて心地よい。とくにカツラの巨木が生えているあたりの雰囲気は、森に抱かれているようで去りがたいものがある。

　ゆっくり歩いていても上っていれば、やがて稜線のムシカリ峠に着く。峠まで来たら、もうひと頑張りして三頭山の山頂に行ってみよう。天気によるが、西峰からは富士山が見える。昼食や休憩は、広くてベンチもある西峰がいい。中央峰は三つの峰のうち標高は最も高いが、木々が茂り、展望は期待できない。東峰は少し進むと、東側が開けた展望台がある。

　ブナの路は尾根づたいに東に延びており、鞘口峠を経由して森林館に戻ることもできる。しかし、最初は上って来た道を戻る方が安心だろう。

三頭山の山頂からは、富士山や東京都最高峰の雲取山が見える

ブナの路にあるカツラの巨木。巨樹になっても葉は小さな円い形のままで愛らしい

森林館で三頭山の自然を学ぼう

都民の森のスタッフが撮影した、森に生きる動植物の写真がたくさん展示されている

　森林館は訪れた季節に咲いている花や飛んでいる鳥を紹介してくれているので、ぜひ立ち寄りたい。「あれは何だったんだろう？」という疑問が、きっと解決する。三頭山に豊かな森が残っているのは、江戸時代には幕府の御林山、明治には帝室御料林、昭和には東京府有林として保護されてきたため。そして1990（平成2）年、だれもが利用できる都民の森ができた。
　檜原都民の森が快適なのは、森の中に人工の施設がほとんどなく、自然を感じることができるからなのだが、都会人が自然を楽しむには、ここのように自然について教えてくれる人や施設が必要。森林館で覚えた花や鳥の名前は、ほかの山に登ったときにも役に立つことだろう。季節を変えて何度でも訪れたい場所だ。

INFORMATION

🏃 3時間30分　　📅 春 夏 秋 冬

🏠 **檜原都民の森 森林館 展示棟**
開館時間9時30分〜16時30分（夏休み期間17時30分、冬季16時）／月曜（祝日の場合は翌日）・年末年始休（ゴールデンウィーク、夏休み期間・紅葉シーズンは無休）／入館無料／東京都西多摩郡檜原村数馬7146　／　TEL.042-598-6006

📍 **鉄道・バス**／JR五日市線「武蔵五日市駅」より西東京バス、または無料連絡バス（4月〜11月の休園日を除く毎日と3月の土曜・日曜・祝日）で「都民の森」バス停下車
車／圏央道あきる野ICより五日市街道、または中央自動車道「上野原IC」より甲武トンネル経由で檜原都民の森の駐車場に

🕐 都民の森バス停・駐車場(10分)森林館(15分)滝見橋(60分)ムシカリ峠(15分)三頭山の西峰(8分)中央峰(7分)東峰の展望台(25分)ムシカリ峠(60分)森林館(10分)都民の森バス停・駐車場

ℹ️ **東京都檜原都民の森 管理事務所**
東京都西多摩郡檜原村数馬7146
TEL.042-598-6006

21 スズランの花咲くころに歩きたい
ゴンドラに乗って入笠山

青空の入笠山は美しい。この風景の世界に日帰りで来ることができるのは夢のよう

<blockquote>
都　会で6月の花といえば、アジサイにハナショウブ。もちろんきれいだが、華やかすぎて、野に咲くようなもう少し控えめな花を見たくなる。信州の山に登ると、春が遅いためか、さまざまな花がいっせいに咲いている。晴れたら、入笠山にスズランの花を見に行こうか。
</blockquote>

入笠山は昔からハイカーに人気がある。なぜだか、明るく若々しい雰囲気の山だ

梅雨入り前、
青空の日に出かけよう

　入笠山は、花の山だ。スズランの群生地として昔から有名で、戦前のハイキングガイドを読むと「一名鈴蘭岳とも呼ばれる」と書いてあったりする。手厚く保護しているためだろう、スズラン以外にも花の美しい山野草が、とにかく豊富。標高1780メートルの高所までゴンドラで運んでくれるため、開花の時季に出かければ、希少な花も手軽に見ることができる。

　6月の梅雨入り直前、日本産のスズランを見たくて出かけたら、山頂駅のそばの山野草公園にイチヨウランとカモメランが咲いていた。どちらの花も、この山以外で、これほど簡単に見ることができる場所があるだろうか。花好きのハイカーでもなかなか出合えない、見た経験が宝物になるような花たちだ。

　山野草公園ではヨーロッパ原産のドイツスズランが栽培されていて、入笠

入笠すずらん山野草公園にある八ヶ岳展望台。八ヶ岳が峰々から裾野まで丸ごと見える

6月上旬、入笠湿原に咲いていた日本産のスズラン。小ぶりな花が葉に隠れるように咲く

湿原まで行くと、日本産のスズランの自生地がある。どちらも純白で清楚な花だが、見比べると、ドイツスズランの花の方が大振りで鈴なりに咲き目立つ。日本産は花茎が短く、花が小ぶりで数も少なく、葉に隠れてしまいがちなのだが、そこが可憐ともいえる。好みは分かれるところだ。

　入笠山の山頂は広々としているうえに360度見渡せる。中央アルプスと八ヶ岳の眺めがよく、北アルプスや富士山も見える。ここほど容易に登ることができて、パノラマを堪能できる山頂はなかなかない。よく晴れた日、この山に登れば、だれもが山歩きを好きになる。入笠山は登山入門に最適だ。

入笠湿原で花を見て山頂へ

　富士見パノラマリゾートのゴンドラに乗り、山頂駅で下車したら、まずは、山野草公園を歩いてみよう。春から夏の初めにかけて、さまざまな花が咲い

花も風景もあまりに美しく、写真を撮ってばかりいて、コースタイムどおりに進めない

ている。斜面に張りめぐらされた園路をさ迷うように歩くと、咲いている花が次々に見つかって楽しい。上の方にはアツモリソウを栽培している実験園、下の方には八ヶ岳を見渡す展望台もある。花と絶景をどちらも楽しめる。

　山野草公園は帰る前に再び歩くことにして、先に進もう。林の道を抜け視界が開けたら、そこが入笠湿原。ゆったりと広がる草原のような窪地に木道が延びている。6月、スズランが咲くころには、コナシとも呼ぶズミの木の白い花も満開。ハイカーにとっても、植物愛好家にとっても楽園のようなところだ。時間をかけて歩きたい。

　日本産のスズランが自生しているのも、この場所。特に湿原の南斜面に多い。木道の端にしゃがんで、葉の下に咲く小さな花を眺めていると、現実を忘れ、おとぎ話の世界に入り込んで、妖精でも探している気分になる。

　湿原を出たら、マナスル山荘天文館の前まで行き、道標に従って登山道へ。山頂までは1時間弱の山登り。途中、岩場コースと迂回コースがあるが、どちらの道もそれほど険しくない。

　山頂からは来た道を戻る。ゴンドラに乗る前に、もう一度、山野草公園を散策するといい。

左）入笠山の山頂は広く、どこも眺めがいい。山頂標識から離れれば、静かだ　右）入笠湿原のトイレはきれいで快適

6月の入笠山に咲く花

1. ドイツスズラン
2. イチヨウラン
3. カモメラン
4. アツモリソウ
5. キバナノアツモリソウ

INFORMATION

🚶 2時間20分　　📅 春 夏 秋 冬

📍 **鉄道・バス**／JR中央本線「富士見駅」より送迎バスで富士見パノラマリゾートの「山麓駅」。ゴンドラに乗車して「山頂駅」下車
　車／中央自動車道「諏訪南IC」から富士見パノラマリゾートの駐車場。「山麓駅」でゴンドラに乗車して「山頂駅」下車

🕐 山頂駅(20分) 入笠湿原(20分) マナスル山荘天文館・入笠山登山口(40分) 入笠山(30分) 入笠湿原(20分) 八ヶ岳展望台(5分) 入笠すずらん山野草公園(5分) 山頂駅

ℹ️ **富士見パノラマリゾート**
長野県諏訪郡富士見町富士見 6666-703
TEL.0266-62-5666

ゴンドラに乗って入笠山　99

22 | 自然が造園した庭のような景観
北八ヶ岳の坪庭から雨池峠

坪庭の奥、縞枯山荘から雨池峠への道。針葉樹の森に囲まれた笹原に木道が敷かれている

八ヶ岳は、信州・甲州のほかの山脈や山地から独立しているため、眺望がよく、登りがいのある山が多い。南部の峰々は険しいが、「北八」と呼ばれて親しまれる北部の山容はたおやかだ。とはいえ、標高は2千メートルを超える。夏から秋の穏やかな天気の日に出かけよう。

ロープウェイの窓から見える優美な山は、八ヶ岳の北端にそびえる蓼科山

山を見てフォッサマグナを発見

　八ヶ岳北部は穏やかな形の山々が連なり、山頂や峠の付近でも小さな高原のような場所がある。その一つが、縞枯山と横岳の間の坪庭。山麓からロープウェイに乗れば、登山者でなくても2千メートルを超える高所に到達できる。車窓は諏訪盆地の彼方にそびえる日本アルプスをはじめ、信州の山々を見渡す大パノラマだ。

　1875(明治8)年、ドイツから来日した地質学者のナウマン博士は、秋に信州を旅し、八ヶ岳の東麓から南アルプスを見て、斜面が直線的に落ちている「奇妙な地形」だと感じた。

　翌年夏、博士は南佐久の八千穂から八ヶ岳に登り、峠を越えて蓼科の滝ノ湯に下りた。博士は、どの峠を越えたのだろう。縞枯山の付近のはずだが、大石峠か、それとも雨池峠か。そこは「開けた気持ちのよい緑の斜面」で「森に囲まれ、いかにも休みたくなるような場所」だったと旅行の記録に書いている。「さらに少し行くと、開けた見晴らしのよいところに出た。足元には、高い山々に囲まれた低地が広がっていた」ともある。その風景描写からは、雨池峠を越えて坪庭まで歩いたようにも思えるが、わからない。

　八ヶ岳を歩いた博士の体験は10年後、フォッサマグナ(大地溝帯)の構想として結実する。フォッサマグナについては、現代でも解明されてない部分が多いのだが、ナウマン博士が「大地のでき方を考える」という学問を教えてくれた功績は大きい。おかげで、ハイカーの私たちも山々を眺めてあれこれ想像し、雄大な気分になれる。

森に囲まれた笹原を歩く

　坪庭駅に着いたら、まずは「登山計画書」の用紙が置いてあるので記入して箱に入れよう。今回は縞枯山や横岳

左)坪庭駅を出ると、標高2403メートルの縞枯山が、すぐそばに見える　右)溶岩台地の坪庭を歩く。整備されているとはいえ、岩場の道。足元に注意しよう

上）雨池峠は十字路。縞枯山や雨池に向かうハイカーが、ひと休みして出発する
下）青い三角屋根がよく目立つ縞枯山荘。八ヶ岳の中でも人気がある山小屋

に登るわけではないが、人里離れた山道を歩くハイキングのときは、計画書を書く習慣を身につけたい。長野県の登山計画書の用紙には装備品のチェックリストなども載っていて、本格的な登山もしてみたいと思っている人には参考になるだろう。

　駅を出たら「坪庭散策路」の道標に従って歩く。前方に見える岩のごつごつした高台が坪庭。横岳の噴火でできた溶岩台地で、岩と低木で構成された景観は、確かにだれかが造園したかのように美しい。周囲の山が借景になっている。遊歩道は整備されているとはいえ、岩場なので慎重に歩こう。

　第一、第二、第三休憩所とたどって歩くと、坪庭駅と雨池峠を結ぶ道に出る。道標を見て、雨池峠の方へ進む。数分もすれば、縞枯山荘が見えてきて、その先に針葉樹の森に縁取られた笹原が広がっている。歩いて気持ちのよい場所だ。森の木々は、モミの仲間のシラビソがほとんど。クリスマスツリーに囲まれているようで、メルヘンチックな気分になる。

　雨池峠に着いたら道はさらに続いているが、ハイキングの準備しかしていない今回は、ここで引き返し、縞枯山荘でお茶にするか、坪庭駅の展望デッキで山の景色を眺めよう。

坪庭駅の展望デッキ。写真があるので、眺めている山の名前がわかる

北八の不思議な縞枯れ現象

　縞枯山の山名は、山肌の木々が縞模様に枯れる「縞枯れ現象」に由来する。縞枯れ現象は、なぜだか山の南西斜面に起きやすいようで、坪庭から見ると、縞枯山よりも横岳や雨池山の山腹に目立つ。針葉樹の黒っぽい山肌に白い横縞が何本も入っていると、山がボーダー柄の服でも着ているかのようだ。

　縞枯れは、北八ヶ岳以外でも亜高山帯のシラビソの森では見られるものらしい。木々がいっせいに枯れることで、森の更新をはかっているのだという。どうも集団で自ら枯れることで、森を若返らせているらしい。植物が？　どのタイミングで決めて？　どうやって周知して？　自然界は不思議だと、つくづく思う。

縞枯山の南斜面の登山道で見た縞枯れ現象。針葉樹の幹が立ち枯れて白くなっている

INFORMATION

🥾 1時間25分　　📅 春　夏　秋

🏠 **縞枯山荘**
受付時間9時〜20時／宿泊は火曜・水曜・木曜休、喫茶は不定休／長野県茅野市北山4035／TEL.0266-55-6550

📍 **鉄道・バス**／JR中央本線「茅野駅」からアルピコ交通バスで「北八ヶ岳ロープウェイバス停」下車、北八ヶ岳ロープウェイ「山麓駅」で乗車、「坪庭駅」で下車
車／中央自動車道「諏訪IC」からビーナスラインで北八ヶ岳ロープウェイ「山麓駅」の駐車場に

🕐 坪庭(山頂)駅(10分)坪庭の第一休憩所(10分)第二休憩所(5分)第三休憩所(15分)縞枯山荘(10分)雨池峠(35分)坪庭(山頂)駅

ℹ️ **北八ヶ岳ロープウェイ**
長野県茅野市北山4035-2541
TEL.0266-67-2009

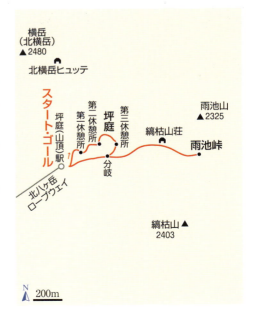

北八ヶ岳の坪庭から雨池峠

23	日本ラインにそびえる眺望の名山
	# 木曽川の岸の鳩吹山(はとふき)

鳩吹山の山頂。眼下に木曽川と市街地を望む。遥か彼方、雲の下の山並みは中央アルプス

標高が低いため、全国的には知られていないが、地元では人気の絶景の山が、各地にある。鳩吹山は、その代表だ。景色だけが、山のよさではないとはいえ、やはり景色は、山歩きの醍醐味。川と市街地と遠望する山々の織り成す絶景を楽しめる鳩吹山は、間違いなく名山だ。

鳩吹山はガスコンロなどの使用も含めて火気厳禁。地域のルールは守ろう

左）可児川駅から西に歩くと水田が広がり、鳩吹山が見える　右）春の鳩吹山はカタクリの花の名所。群生地の道と分かれて山頂に向かう

大河と町と遠くの山々を一望

　岐阜県可児市の鳩吹山は、標高300メートル余りの低山とは思えない見晴らしのよさ。山頂から望むと、優美な曲線を描く木曽川の右に可児市、左に美濃加茂市の市街地が広がる。その奥を山々が縁取り、晴れた日には、御嶽山や中央アルプスを望む。空気が澄んでいるときは、遥か白山や乗鞍岳まで見えるという。

　眼下を流れる木曽川をよく見ると、橋が何本か架かっている。手前から2本目の太田橋のたもとには、江戸時代、中山道の「太田の渡し」があった。急流のため難所として知られ、大坂から江戸に帰る旅でここを渡った幕臣で文人の大田南畝は「流れ急にして目くるめくばかり也。此川は木曽川と飛騨川と落あひて流るゝゆへにかくのごとし」と紀行に書いている。

　木曽川は、飛騨川との合流点から約13キロ下流の犬山城跡まで激流で、大正以降「日本ライン」と呼ぶ景勝地になる。なかでも鳩吹山と対岸の城山の間は険しい峡谷をなす。

　日本ラインと名付けたのは、明治・大正のベストセラー『日本風景論』の著者、志賀重昂。講演に訪れた際、ドイツのライン川のようだと感想を抱いたことによるという。のちに志賀は「ラインは即ち犬山城下の木曽川」と著作『世界の奇観』に書いている。

　鳩吹山は、春はカタクリの花で知られる。山麓には、のどかな田園風景が広がり、太田の渡しや対岸の旧太田宿などの歴史探訪も興味深い。下山したあとは周辺の散策も楽しみたい。

水田の奥の里山だが、登れば絶景

　麓から割と短時間で登れる山のため、可児川駅から歩いて行っても苦にならないだろう。すぐに水田風景が広がり、これから登る鳩吹山が前方に見

105

カタクリ口コースの道はあまり険しくはないが、岩場がある。慎重に歩こう

えるため、登山意欲がわいてくる。水田の南側の道は、東海自然歩道に指定されていて景色はさらによいので、少し遠回りにはなるが、帰りはそちらの道を歩くとよい。

　カタクリ口には駐車場やトイレが整備されていて便利。山頂に至る登山道はカタクリの群生地の手前で分かれている。道は割と急峻で、ところどころ岩場がある。焦らず落ち着いて登ろう。鳩吹山はチャートなどの硬い岩でできているようだ。そのため、木曽川の浸食を免れたのだろう。

　麓から25分ほど上ると、小天神休憩舎と展望台がある。見晴らしは、ここで十分素晴らしいが、山頂からの眺めはさらによいので、少し休んだら、もう20分ほど頑張ろう。

　大天神休憩舎を過ぎて、電波塔の横を通れば、すぐに山頂。山頂標識の隣のベンチに腰掛けて、木曽川と山々の眺めを満喫しよう。

　山歩きは上りよりも下りの方が危ない。下山では、岩場をより慎重に歩こう。なお、鳩吹山の一帯は休憩舎を含め、火気厳禁。過去の山火事の教訓に基づくもので、登山用コンロなどの使用も禁止されている。昼食には火を使わずに食べられるものを持っていこう。

上）小天神休憩舎と展望台はひと休みするのにちょうどよい場所にある。眺めもよい
下）大天神休憩舎は山頂から近く、昼食に便利。ここもコンロなどの使用は禁止

旧中山道の木曽川の渡船場跡

鳩吹山の上から木曽川を眺めていると、岸を歩いてみたくなることだろう。太田橋の下流に「木曽川渡し場遊歩道」とも「かぐや姫の散歩道」とも呼ぶ散策路があるので行くといい。ただし、山の上からは近く見えるが、カタクリ口から歩くと40分ほどかかる。駐車場は設けられている。

江戸時代には太田橋はなく、「太田の渡し」や「今渡の渡し」と呼ぶ中山道の渡船場があった。太田は北岸の地名で、今渡は南岸の地名だ。太田橋を渡ると、旧太田宿の脇本陣など古い町並みが残っている。旧中山道沿いの祐泉寺には、北アルプス槍ヶ岳の開山者の播 隆(ばんりゅう)上人や、木曽川のこのあたりを「日本ライン」と命名した志賀重昂の墓がある。山歩きや旅の先人として敬意を表し、参ってみるとよいのでは。

木曽川の岸の遊歩道を歩く。川風が竹の葉をそよがせて吹き抜けていく

INFORMATION

- 2時間30分　　春 夏 秋 冬
- 鉄道・バス／名鉄広見線「可児川駅」下車
  車／名神自動車道「小牧IC」より名濃バイパスで鳩吹山カタクリ口の駐車場に
- 可児川駅(15分) 刎橋(15分) カタクリ口(25分) 小天神休憩舎(20分) 鳩吹山山頂(35分) カタクリ口(40分) 可児川駅
- 可児市役所 経済交流部　観光課
  岐阜県可児市広見1-1　TEL.0574-62-1111

24 信州の冬の里山、人気ナンバーワン
塩尻の霧訪山（きりとう）

残雪の道を登る。春になっても山には雪が消え残っている。名残の雪を楽しもう

名

峰の多い信州で、標高1305メートルの低山にすぎない霧訪山が、近年、注目を集めるようになったのは、2021年、長野県山岳総合センターが、里山の魅力を知ってもらうため、インターネット投票でおこなった「信州の里山・総選挙（冬山編）」の結果によるところが大きい。

山頂に「夢叶う霧訪の鐘」があった。空近くで願うと、かなうものなのかもしれない

霧訪山の山頂は景色がよくて立ち去りがたい。諏訪盆地の向こうに八ヶ岳が見える

日本アルプスを一望する山頂

「信州の里山・総選挙（冬山編）」の結果は、投票総数238票のうち、霧訪山が29票を得て1位になった。「登山者人口に対して投票数全体が少ないのでは」と思われるかもしれないが、鷹狩山、守屋山、光城山、長峰山、入笠山といった人気の山々をおさえて1位に輝いたのは、立派だ。霧訪山を推した理由には「低山なのにアルプス一望パノラマビュー」「コースもバリエーション豊富」「地域活動でごみ拾いをしたり、案内板を設置したり、地元に根付

麓に雪はないが、山の上にはある。防水・防寒の服を着て登ろう

いた山」とある。景色がよい、登って楽しいといった登山者の観点による長所だけでなく、地元の人々から「ふるさとの山」として愛されている様子が、よくうかがえる。

霧訪山は、長野県のほぼ中央に位置する塩尻市と辰野町の境にある。麓から見ると、いかにも里山で、旅行者の目を引くような山では決してない。しかし、山麓の地理と歴史は、知れば知るほど、興味深いものがある。

霧訪山の北東麓の善知鳥峠は、太平洋と日本海の分水界をなし、降った雨は、南に流れると天竜川、北に流れると信濃川になる。南東麓の小野の集落は、『枕草子』に載る「たのめの里」だと伝える。小野は、近世には伊那街道の宿場で、並んで鎮座する小野神社と矢彦神社は、ともに信州二之宮を称す古社。今回は、残雪歩きと早春の花を楽しむため、北麓の山ノ神自然園から山頂を往復しているが、小野駅を利用し、小野の集落を散策するのも一興だ。

左）たまらずの池のそばに春一番に咲く花、フクジュソウの群生地がある　右）山ノ神自然園にはセツブンソウが自生している。早春に咲く、人気のある花　ここではどちらも3月上旬〜4月中旬に咲いている

残雪恋し、早春の山に入る

　「冬の里山」の1位に選ばれたとはいえ、出かけるのは日の長くなった3月がいい。麓の積雪は消えたが、山の上にはまだ雪が残っているといったころが、早春の山歩きを楽しめる。きっと、山ノ神自然園にはフクジュソウ、ミズバショウ、セツブンソウが咲いている。

　山ノ神自然園には車で行く人が多い。塩尻駅から徒歩だと約1時間かかるため、タクシーを利用すると楽だ。山ノ神自然園は山間にあり、店などはない。日帰りだが、山登りになるため、あらかじめ飲食物を買って行こう。

　たまらずの池を過ぎると、霧訪山の登山口がある。急坂だが、道は明瞭で歩きやすく、ぐんぐん標高が上がる。鉄塔を過ぎ、さらに進むと大芝山との分岐に「ブナの別れ」という標識がある。「霧訪山20分」の方に進む。時季にもよるが、このあたりから残雪歩きを楽しめるだろう。

　山頂が近くなると日当たりがよいため、雪は少なくなるか、全くなくなる。山頂の展望は評判どおり抜群。信州のほとんどの山が見えるのではないだろうか。空気が乾燥して澄み渡った青空の厳冬期とは異なり、空には雲がわき、遠くの景色はおぼろだが、それも春山らしくて風情がある。オキナグサの植栽があるが、例年、咲くのは4月末のころ。下山は、雪で滑って転ばないように気を付けよう。

雪道の下りはスリップに注意。一歩一歩慎重に進もう

太平洋と日本海の境界をなす山

霧訪山は、さまざまな意味で信州の中央にある。麓の善知鳥峠は、太平洋と日本海の分水界だ。古代には京と東国を結ぶ東山道が東麓を通っていたが、江戸時代の中山道は西麓を通るようになり、善知鳥峠の道は脇往還の三州街道・伊那街道・中馬街道になった。本書17コースの足助から続く道だ。善知鳥峠の南の塩尻市北小野と辰野町小野は、一つの集落なのだが、江戸時代、北小野は松本藩領、小野は幕府領だった。足助塩は辰野町小野まで運ばれ、小野には「南塩終点の地」の碑がある。一方、塩尻市北小野には日本海側から塩が運ばれた。霧訪山は流れてゆく水だけでなく、もたらされる塩も太平洋と日本海の境界だった。

善知鳥峠の分水嶺公園。左に流れた水は太平洋に、右に流れた水は日本海に注ぐ

INFORMATION

- 3時間15分
- 春 夏 秋
- 鉄道・バス／JR中央本線「塩尻駅」よりタクシーで山ノ神自然園
  車／長野自動車道「塩尻IC」より山ノ神自然園の駐車場に
- 山ノ神自然園遊歩道入口(10分) たまらずの池(5分) 霧訪山登山口(30分) 鉄塔(40分) ブナの別れ(20分) 霧訪山山頂(80分) たまらずの池(10分) 山ノ神自然園遊歩道入口
- 塩尻東公民館
  長野県塩尻市大字塩尻町 648-1
  TEL.0263-52-4748

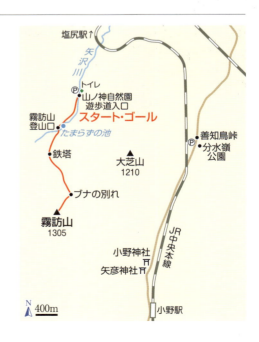

塩尻の霧訪山　111

25 上野原の八重山展望台
昭和初期に地元の婦人が寄付した学校林

8月の八重山展望台。夏は山に雲がわきやすく、富士山は見えなかった。それでも絶景だ

山梨県で最も東に位置する上野原市は、東京からアクセスがよい。JR中央本線で西に向かうと、高尾駅の3駅先が、上野原駅。「高尾山はいい山だが、混雑しすぎだ」と嘆いている人は、上野原の里山、八重山に出かけてみよう。今日は、展望台から富士山が見えるだろうか。

八重山の展望台で名物の酒まんじゅうをほおばる。風景よりも楽しみかもしれない

上野原市のメイン通り国道20号は、江戸時代、甲州街道だった

富士には酒まんじゅうがよく合う

　八重山は、上野原市の市街地のすぐ北にある里山。標高は500メートルを超えるといっても、上野原市の市街地が250メートル程度あるのだから、登るのはやさしい。それでいて、展望は抜群。眼下に桂川の谷が広がり、南に道志や丹沢の山々、西に三つ峠や富士山を見渡す。さらに東に陣馬山、北に三頭山を仰ぐ。

　東京から近くて、楽に登ることができて、見晴らしがよいのだから、都民は行かない手はないだろう。街の通りに名物の酒まんじゅうを商う店が、いくつもあるのもいい。あちこちで買って、八重山の展望台で富士山を眺めながら食べると、幸せな気分になる。

　上野原の街は、江戸時代、旧甲州街道の宿場として栄えた歴史があり、歩くと意外に趣深い。風景浮世絵の大家、歌川広重は、甲州街道を旅した日記に、上野原手前の境川で「川を見はらし、絶景」、上野原で「よき宿（しゅく）」、上野原を過ぎた鶴川では「絶景なり」とほめている。広重は世辞を言ったわけではなく、武蔵野では「此道たいくつ」と無愛想な物言い。広重は、上野原周辺の山水の景色が気に入ったのだ。

3月初旬の展望台からの眺め。木々は芽吹いていないが、雪の富士山が見えた

左）展望台と山頂の間に立っている水越八重さんの碑を訪ねよう
右）八重山ハイキングコース入口の駐車場には清潔な水場とトイレがあり便利

　八重山の山名は、水越八重さんという地元の篤志家が、1929（昭和4）年、山林を寄付し、小学校の学校林となったことに由来する。以来、この山と八重さんは、上野原の人々の誇りだ。地元の人々の厚意により、登山道や設備が保たれ、私たちは快適に山を歩くことができる。そうした美談も含め、八重山は絶景の山だ。

山頂手前の展望台でくつろぐ

　上野原駅は桂川の段丘崖にあり、南北で高さに差がある。エレベーターで下りて南口の観光案内所で、八重山の地図を入手するといい。駅前からはバスも出ている。再び駅舎に入り、北口を出たら、市街地を目指して歩く。

　中央自動車道を渡って進むと、国道20号に出る。旧甲州街道の上野原宿だった通りだ。市役所方面に進むと、名物の酒まんじゅう店が数軒ある。「帰りにみやげに買えばいい」と思わない方がよい。どの店も、その日売るつもりの分だけ手作りするようで、午後、下山して立ち寄ると、売り切れていることが多い。行きに買おう。

　大堀バス停まで来たら右折。中学校の向かいが、八重山ハイキングコースの入口で、駐車場と水場ときれいなトイレがある。

　ここからは山道だ。初めのうちは植林の暗い谷だが、道標に従って進むと、広葉樹の明るい林に変わる。やがて尾根道になり、展望台がある。眺めがよく、吹く風も心地よい。「山頂に行かなくても、ここで十分」と思えるほどだ。しかし、展望台の少し先にある八重さんの碑は見ておこう。山頂からは、さらに能岳（のう）に登ることもできるのだが、見晴らしはあまりよくない。八重山ハイキングのよさは、眺望にある。展望台か山頂で景色を眺めて豊かな時間を過ごし、来た道を戻るのが、よいだろう。気に入ったらまた来よう。

八重山の山頂。標高は530.7メートル。東屋やベンチがある

旧甲州街道を歩く、犬目宿

犬目宿の碑。家並みを少し外れると、富士山や桂川の谷を見渡すことができる

　国道20号は上野原市役所の西で桂川に沿うが、旧甲州街道は中央自動車道付近の高台を通っていた。葛飾北斎の『冨嶽三十六景』の「甲州犬目峠」で有名な犬目は、談合坂サービスエリアよりも高所にある。北斎が、どこから富士を描いたのかは定かでなく、犬目宿の付近としかわからない。漫画家のつげ義春に『猫町紀行』という随筆がある。つげは、友人の運転する車で犬目宿を訪ねる。結局、迷ってたどり着けないのだが、車窓の家並みに「猫町」を見た。数年後、つげと友人は、再び、犬目宿に向かう。今度は犬目にたどり着いたが、猫町はなかった。つげも上野原の酒まんじゅうが好物で、電車に乗って買いに行ったという。

INFORMATION

- 3時間20分　春　秋　冬
- 鉄道・バス／JR中央本線「上野原駅」下車／中央自動車道「上野原IC」から八重山の駐車場に
- 上野原駅(40分)大堀バス停(10分)八重山ハイキングコース入口(40分)展望台(20分)八重山山頂(50分)八重山ハイキングコース入口(40分)上野原駅
- 上野原市役所　産業振興課　商工観光担当
  山梨県上野原市上野原3832
  TEL.0554-62-3119

上野原の八重山展望台

26 レンゲツツジの咲く、高原のような山頂
山上の駐車場から甘利山

鍋頭から西を見る。手前の丘が甘利山の山頂、奥にそびえているのは千頭星山

春、韮崎のわに塚のサクラを見て、まだ水のない田の間の道を歩いて帰るとき、農作業をしている人と言葉を交わした。「花の美しいところですね」と言うと、「甘利山のツツジもきれいだから、またおいで」と言って、背後の山を指さした。そして6月、レンゲツツジが咲いた。

ツツジは春の季語だが、甘利山のレンゲツツジは例年6月上旬から中旬が見ごろ

今も変わらず、ロマンチックな山

古いハイキングガイドブックを開くと、甘利山は、たいてい入笠山と並んで、中央本線沿いの人気コースにあげられている。1950年代のある本には「草原の優しい山頂を持つ甘利山は、なかなかロマンチック」「甘利山一帯の花時の美しさは全く楽園で、去り難い」と書いてあった。甘利山のゆったりとした心地よい風景は、今も昔もあまり変わっていないようだ。

現在との大きな違いは、韮崎駅から歩いて登っていること。登山口までの道のりが長いとこぼしていたりもする。今は、山頂まで徒歩30分の高所に駐車場がある。『韮崎市誌』によれば、1965（昭和40）年、自衛隊が道路を建設した。以来、冬を除き、ハイカーは車を運転してこの山を訪れることができる。絶景と花を気軽に楽しめる。

駐車場から山頂までは登山道だが、傾斜はゆるく、よく整備されていて歩

最初は林間の道を上る。太陽の光が地面まで差し込む明るい林

きやすい。甘利山で最も気を付けなければならないのは、駐車場に上って来るまで、そして麓に下りるまでの車の運転だろう。カーブの多い道路のため、日中でもヘッドライトを点け、スピードは抑え、対向車が来たらいつでも止まれるように気を付けていないと危ない。車の運転が不安な方は、韮崎駅からのタクシーの利用を検討するといい。

先を急がず、景色や花を眺める

駐車場から道路を渡り、道標の「甘利山」の示す道を進む。シラカバ、ダケカンバ、ズミなど広葉樹の明るい林を歩く。途中に東屋がある。まだ10分しか歩いていないため、先を急ぎたい気持ちはあるだろうが、立ち寄ってみよう。甘利山は、登頂を誇ったり、達成感を得たりする山ではなく、逍遥する山。先を急ぐのは、やめよう。急ぐと、あっと言う間に山頂について、楽しい時間が終わってしまう。

見晴らしのよい斜面を上ると、鍋頭（なべあたま）という開けた場所に出る。丘のような

登山道の入口は駐車場の向かいにある。歩くのが楽しくなるような快適な道だ

甘利山の山頂の向こうに千頭星山が見える。気持ちのよい場所だから、ここでものんびりしよう。

　鍋頭からは、レンゲツツジの茂みの間を木道が延びている。木道が終わり、斜面を上ると、広場のような平らな山頂に標識が立っている。

確かに去りがたい山だ。名残惜しいが、いつまでもいられるわけでないので下山する

甘利山の山頂。平坦で頂上という雰囲気はあまりないが、見晴らしはとてもいい

INFORMATION

- 1時間　　春　夏　秋
- 鉄道・バス／JR中央本線「韮崎駅」よりタクシーで甘利山駐車場
  車／中央自動車道「韮崎IC」より県道613号甘利山公園線（冬期は閉鎖）で甘利山駐車場に
- 甘利山駐車場(10分)東屋(10分)鍋頭(10分)甘利山山頂(10分)鍋頭(10分)東屋(10分)甘利山駐車場
- 韮崎市観光協会
  山梨県韮崎市水神1-3-1　TEL.0551-22-1991

伊勢湾と太平洋の境にある神島。1周
できる自然歩道が整備されている

第5章

海岸、島

私たちの心には、海への思いがひそんで
いるようだ。海の響きが聞こえると懐か
しい気持ちになる。ときには海辺で波や
風の音を聴こう。思い切って島に渡るの
もいい。島のハイキングは、冒険のよう
な楽しさにあふれている。

三浦半島、浦賀の街外れの燈
明堂の磯と浜は、都心から最
も近い絶景海岸

27 入江の道を歩き、岬の小さなビーチへ
三浦半島の港町、浦賀

燈明堂跡のビーチ。沖は太平洋と東京湾を結ぶ浦賀水道。海の水が澄み、海底が見える

三浦半島の先に、地元の人しか知らないシークレットビーチといった感じの小さな砂浜がある。夏は水遊びを楽しむ人が多少は集まるが、ほかの季節は貝殻やシーグラスを探す人が、なぎさを歩いている程度。松林のベンチに座り、沖を行く船を眺めて過ごす時間は優雅だ。

浦賀の渡し。船が対岸にいるときには、桟橋の呼び出しボタンを押せば、来てくれる

風光に恵まれた天然の良港

　三浦半島の浦賀は、丘の間に入江が深く切れ込んだ天然の良港。現代の目で見ると港としては狭く感じるが、江戸時代は、漁業や廻船業で栄え、江戸湾に出入りする船を検査する浦賀奉行所が置かれていた。

　幕末、その入江の沖に「泰平のねむりをさますじやうきせんたつた四はいで夜も寝られず」の落首で知られる米国のペリー艦隊が来航。勝海舟や福沢諭吉が乗った咸臨丸も浦賀から出航した。明治以降、東京湾入口の浦賀周辺は首都防衛の拠点となったため、砲台跡などもあり、歴史好きには興味の尽きない土地。日本史にそれほど関心はないという人も、入江の西岸と東岸を結ぶ「浦賀の渡し」に乗ってみるといい。潮風が心地よく、眺めは美しく、この港町の風光を気に入ることだろう。

　浦賀駅から南に向かい、入江西側の海岸の道を南に行けるところまでたどると、小さな岬の先端の松林に、江戸時代の灯台を復元した燈明堂が立っている。松林の南側には小さな砂浜が隠れていて、沖を船が行き交い、対岸には房総半島の山々が見える。なぎさに下りて海に足をつけると、水は澄んでいる。実際には、すぐ南に久里浜の街や港があるのだが、見えないため、遠い南の島にでも来たような気分になる。あまり知られていないとはいえ、お気に入りの場所にしている人は少なくな

浦賀の入江、西側の海岸を南に歩く。沖に見えているのは、房総半島の鋸山のあたり

121

左）太平洋戦争後、南方からの引揚者が上陸した通称、陸軍桟橋。現在は市民の憩いの場
右）愛宕山公園からの眺め。浦賀水道を眼下に収める。対岸は東浦賀の町並み

いようで、夏や休日、最寄りの駐車場は満車のこともある。歩いていくのがおすすめだ。

幕末、ペリー艦隊が来航した浦賀

浦賀駅を出て南に歩く。浦賀ドックと呼ばれた造船所跡を過ぎ、西渡船場の手前まで来たら、叶（西叶）神社の鳥居をくぐって社前に出て、海岸よりも一筋陸側の道を進むことにしよう。古い家並みや史跡を見物するためだ。

高台の愛宕山公園には「咸臨丸出港の碑」がある。木々の間から見渡す浦賀港の眺めもよい。為朝神社まで来たら、山側の路地に入り、浦賀奉行所の跡地に寄り道してもいい。

為朝神社から道なりに海岸の道路に出て、燈明堂入口のバス停を過ぎ、道標の「燈明堂」の指す道を進めば、燈明堂跡の緑地に着く。

幕末の浦賀の風景は、ペリー艦隊に随行した画家ヴィルヘルム・ハイネによって、水兵たちが漕ぐカッターの背景に描かれている。黒船来航は、1853年7月上旬、梅雨は明けていたのだろうか、天気は晴朗だったようで、富士山や丘陵や岬の灯台らしき建物が見えている。浦賀沿岸の風景をハイネは大いに気に入ったらしく、「絵のように美しい断崖」「美しい松林」「好ましい風景」と著書に書いている。ハイネだけでなく、ドイツ人のシュリーマンにしろ、フランス人のギメにしろ、幕末から明治初期に日本を訪れた西洋人の多くが、この国の風物を賛美する文章を残しているのは驚くべきことだ。それほど、よい国だったのだろうか。

岬の上の松林に囲まれて立つ燈明堂。江戸時代の建物を跡地に復元

千代ヶ崎砲台跡をガイドツアーで見学

千代ヶ崎砲台跡。ボランティアによるガイドツアーは地下の弾薬庫なども見学できる

燈明堂跡と久里浜港の間の高台に「千代ヶ崎砲台跡」がある。明治20年代、陸軍によって建設された西洋式の砲台で、保存状態がよく、猿島砲台跡ともに「東京湾要塞跡」として国の史跡に指定され、見学できる。

浦賀水道の沿岸では、首都の東京と横須賀の軍港の防衛を目的に明治時代、各所に砲台が築かれた。千代ヶ崎砲台には、最大射程距離7.8キロの大砲の砲座が6門あった。しかし、第一次世界大戦以降、航空機が戦争に使われるようになり、防衛における沿岸砲台の役割は低下。建設後から終戦まで実戦を経験したことはなかった。詳しく知りたい人は、地下施設も見学できるガイドツアーに参加しよう。

INFORMATION

2時間　春 夏 秋 冬

浦賀の渡し
営業時間7時〜17時／荒天・船の点検休／大人400円、小中学生200円／東渡船場：神奈川県横須賀市東浦賀2-4-21、西渡船場：神奈川県横須賀市西浦賀1-18-2　TEL.046-825-7144

鉄道・バス／京急本線「浦賀駅」下車
車／横浜横須賀道路「浦賀IC」より燈明堂緑地駐車場に

浦賀駅(20分)西叶神社(10分)愛宕山公園(15分)燈明堂入口バス停(15分)燈明堂(30分)西渡船場〜船〜東渡船場(5分)東叶神社(5分)東渡船場〜船〜西渡船場(20分)浦賀駅

浦賀観光協会
神奈川県横須賀市浦賀5-1-2
TEL.046-841-4155

28 天才画家の若き日の喜びの旅を追う
布良(めら)海岸と青木繁(しげる)「海の幸」記念館

布良海岸。青木の手紙は「砂ヂリヂリとやけて、風ムシムシとあつく」と続く。現地で実感する

　　　　明治の若者にとって、房総半島南部
　　明　の海辺は魅力的な旅先だったよう
　　　　だ。日々の生活や社会の束縛から
自由になり、自然の中で、人間として、自分ら
しく、いかに生きるかを模索するため、大げさ
に言えば、生まれ変わる希望を持って旅に出た。
いわば、自分探しの旅だ。

鬼才、青木繁の傑作『海の幸』の舞台、
「阿由戸の浜」とも呼ばれる布良海岸

青春の輝きが似合う房総の海

　明治22年夏、22歳の夏目漱石は、内房の保田で泳ぎ、外房をまわり、小湊の鯛の浦で舟に乗って魚群を見物した。その体験はのちに『こころ』の中で描かれる。40年冬には、若山牧水が、同じく22歳のとき、南房総の根本海岸を旅し、「白鳥は哀しからずや」の歌を詠み、翌年、最初の歌集『海の声』に掲載した。

　漱石と牧水の間に燦然と輝くのは、天才画家、青木繁の旅。青木は37年夏、やはり22歳のとき、布良海岸を旅し、『海の幸』を描いた。絵の中でもりを手にし、大きなサメを担いで砂浜を行進する裸の男たちの姿は荘厳で、古代神話の登場人物のよう。この絵は未完成だともいわれるが、その未完成さが、さらなる可能性や変動を感じさせる点も大きな魅力だ。

　青木が布良の滞在の様子を郷里九州の友人に海辺のスケッチと文章で知らせた手紙が残っている。

　「上図はアイドといふ処で直ぐ近所だ。好い処で僕等の海水浴場だよ。上図が平沙浦。先きに見ゆるのが洲の崎だ。富士も見ゆる。雲ポッツリ、又ポッツリ、ポッツリ！　波ピッチャリ、又ピッチャリ、ピッチャリ！」

　アイドは布良海岸の別名、阿由戸の浜のこと。青木の文章からは、布良の日々で生きる喜びを享受している様子が鮮明に伝わってくる。

　青木たちは漁家の小谷家に1カ月半もの間、泊めてもらっていた。布良に

布良漁港。布良は歴史の古い土地で、ここから房総の開拓が始まったという伝説がある

布良崎神社。西を向いており、富士山と夕日の眺めの美しさで知られる

はその家が保存されている。美術に関心がある人なら『海の幸』が生まれた海と家を一度は訪ねておこう。

布良の港、集落、海岸を歩く

布良や布良崎神社のバス停で下車してもよいのだが、周辺も歩くことにして、安房神社前で降りてみよう。南に進み、鳥居の前を左折して西に向かう。南側に見える小山は、館山野鳥の森。園内の展望台から富士山や平砂浦が見えるので、帰りに散策するといい。

国道410号を渡ると下り坂になり、布良漁港に出る。漁業協同組合の建物の前の坂を上ると、布良崎神社。境内の横を通って進むと、青木繁「海の幸」記念館の前に出る。青木が滞在した小谷家住宅だ。内部は、青木の資料以外に房総の漁業や文化に関する品々がたくさん展示されている。館の方に案内してもらうと勉強になる。

記念館を出たら『海の幸』の舞台、布良海岸に行こう。途中、門のようなデザインの記念碑の場所からの眺めは雄大。沖の島影は、伊豆大島。この海岸は休憩や昼食に気持ちのよい場所だが、頭上を旋回するトビに食べ物をさらわれないよう注意すること。帰路は海岸から港に出るといい。

青木の作品は、のちに『海の幸』と『わだつみのいろこの宮』が重要文化財に指定される。しかし、生前の評価は十分とはいいがたい。青木は28歳で生涯を終えた。あまりに早世で惜しまれる。イタリアの画家セガンティーニが苦難のなかでアルプスの風物を描き続けたように、青木繁にはもっと生きて、日本の海を舞台にした作品をたくさん描いてほしかった。布良漁港からは、来た道を戻る。

上）青木繁「海の幸」記念館の開館日に訪れて、小谷家住宅内を見学させてもらおう
下）「青木繁海の幸ゆかりの地」の記念碑。布良海岸を見渡し、沖には伊豆大島を望む

館山野鳥の森の展望台へ

野鳥の森の展望台から平砂浦を眺める。湾曲した浜の先は房総半島西端の洲崎方面

　安房神社の隣に千葉県立館山野鳥の森がある。黒潮の影響を受けて温暖で雨も多い房総半島南部の森は、冬でも落葉しない常緑広葉樹が茂り、南国のようだ。鳥の観察はともかく、常緑広葉樹の緑濃い森を歩いたことのない人は、道の整備されたここで体験するといい。駐車場に面したふれあい野鳥館を抜けると遊歩道があり、森へと導かれる。園内は広大で、さえずりの森、水辺の森、どんぐりの森などがあるのだが、布良海岸ハイキングのついででは歩き尽くせない。最初は入口から近い、富士見展望台や平砂浦展望台を目的地にするのがよいだろう。名称どおり、天気がよければ、眼下に平砂浦、海の彼方に富士山が見える。

| INFORMATION |

🚶 2時間　　📅 春 夏 秋 冬

🏛 **青木繁「海の幸」記念館**
開館時間10時〜16時(10月〜3月は15時)／月曜〜金曜(予約で開館)・盆・年末年始休／入館料一般300円、小中高校生150円／千葉県館山市布良1256／TEL.0470-28-5063

🏛 **館山野鳥の森**
開園時間9時〜16時30分／無休／入園無料／千葉県館山市大神宮553／TEL.0470-28-0166

📍 **鉄道・バス**／JR内房線「館山駅」よりJRバスで「安房神社前」下車
車／富津館山道路「富浦IC」より国道127号・410号で青木繁「海の幸」記念館の駐車場に

🕐 安房神社前バス停(10分)安房神社鳥居(30分)布良漁港(5分)布良崎神社(5分)青木繁「海の幸」記念館(5分)青木繁海の幸ゆかりの地(5分)布良海岸(50分)安房神社鳥居(10分)安房神社前バス停

ℹ **青木繁「海の幸」記念館**
千葉県館山市布良1256
TEL.0470-28-5063

ℹ **館山市観光協会**
千葉県館山市北条1879-2
TEL.0470-22-2000

布良海岸と青木繁「海の幸」記念館

29 深い森を抜けて岬の先まで冒険ハイク
真鶴半島の三ツ石海岸

潮騒遊歩道を歩いて三ツ石海岸に向かう。三ツ石の右に伊豆大島が見える

鶴半島の岬から沖の三ツ石の眺めは絶景。大海原に浮かんでいるときの景観もよいし、潮が引いて岬とつながっている様子もよい。離れ磯の名所は日本各地にあるが、真鶴の三ツ石ほど端正で美しいものは、あまり見ない。

三ツ石海岸からケープ真鶴に上がる道にストレリチアとも呼ぶ極楽鳥花が咲いていた

お林遊歩道は圧倒されるほど緑が濃く、南国の密林を探検している気分になる

リビエラと呼ばれた海岸美

　真鶴とは縁起のよさそうな地名だ。江戸時代の地誌は、地名の起源を「遠望するに東西の崎は宛も鶴翼の如く、中央なるもの鶴首に似たり」と説明している。海に突き出た半島を、翼を広げて飛ぶ鶴に見立てたのだという。

　昨今はあまり聞かないが、以前、真鶴は「東洋のリビエラ」とよく呼ばれていた。リビエラはイタリアの北西部、地中海の沿岸地域。気候温和で風光明媚な人気リゾート地。

　明治から昭和初めに活躍した水彩画家、三宅克己は、晩年この地に住むのだが、初めて真鶴に絵を描きに来たときのことを1912（明治45）年、美術雑誌『みづゑ』に寄稿している。

　「冬の旅は何時も行く先に迷ふ」と三宅は言い、地図など広げて絵を描くのに都合のよい場所を探し、真鶴に見当をつける。そして来てみたところ、暖かく、人は素朴で親切ということで、この地を気に入る。山の中腹から海岸まで続く家々、みかんの木、敷石の小道などの光景に、三宅は「伊太利の地中海沿岸の光景」を連想した。絵を描いていると、国府津と伊東を結ぶ汽船が見えた。その船がジェノバを出てサンレモあたりへ行く船のようだったと語る。三宅はすっかり真鶴にリビエラの風景を見ている。末尾には「夏も涼しいさうだが僕は寧ろ冬の写生地としてこの真鶴を世間の人々に知らせたい」と書いた。今も真鶴の冬は温暖で、写生旅行はもちろん、ハイキングにも適している。

お林遊歩道から潮騒遊歩道

　真鶴駅から半島の先の三ツ石海岸まで直線距離で約3キロ。1時間半も歩けば着く。だから、駅から歩き始め

左）遊歩道を進むと、時々、驚くほど大きなクスノキやスダジイの巨木が生えている
右）太平洋に面した三ツ石海岸。真鶴半島で相模湾と相模灘に分かれる

てもよいのだが、バスも通っているので利用すると楽だ。とはいえ、終点のケープ真鶴までバスで往復すると、一日、ほとんど歩かないことになってしまうため、中川一政美術館のバス停で下車する。道路を少し先に行き、「お林遊歩道入口」の道標のある山道に分け入る。御林は、江戸時代、幕府や藩が支配した山林のこと。真鶴の山林は、明暦の大火後、幕府に命じられ、小田原藩が松苗を植えた。その地が明治に皇室御料林になり、戦後、国有林を経て真鶴町の管理になり、現在は親しみを込めて「お林」という。江戸時代、植樹する前は萱原だったというが、350年以上たった今、お林遊歩道を歩くと、クスノキやスダジイの巨木が茂り、雰囲気は原生林だ。

　道標に従って、お林遊歩道、森林浴遊歩道、番場浦遊歩道とたどり、潮騒遊歩道で海岸の道になる。沖に伊豆半島、初島、大島があり、行く手に三ツ石が現れる。しかし、三ツ石海岸に着くと、沖の岩は二ツ石に見えるから不思議だ。大潮の干潮には三ツ石まで歩いていくこともできるが、潮が満ちて来たら帰れなくなるため、眺めるだけにした方が賢明。

　帰路は丘を上り、ケープ真鶴のバス停から乗車してもいいし、お林遊歩道を歩き、中川一政美術館バス停から乗車してもいい。

上）三ツ石海岸から西を眺めると、湯河原の市街地や熱海の山が見える　下）ケープ真鶴2階の遠藤貝類博物館は珍しくて美しい貝殻が展示されていて楽しめる

三大船祭りの貴船まつり

きらびやかに飾った小早船は祭りの花形。初日に「水浮け」と呼ぶ進水式が行われる

　真鶴の貴船神社は、笠島（三ツ石のこと）の沖に船に乗って現れた神をまつったと伝える古社。例年7月下旬の例大祭は、日本三大船祭りの一つ「貴船まつり」として知られる。

　貴船まつりは、海の安全を祈って神輿を船に載せ、海上を渡御するところに特色がある。勇壮な櫂伝馬に引かれ、飾り立てた東西2隻の小早船に先導され、にぎやかな囃子船に伴われ、海上渡御する神輿船を一度は見ておきたい。貴船神社の境内や仮殿では、古式ゆかしい鹿島踊りも奉納される。

　貴船まつりの見物と三ツ石のハイキングを同じ日に行うのは無理があるので、ハイキングには、また別の日に真鶴に来よう。

INFORMATION

- 🚶 1時間45分　　🗓 春　夏　秋　冬
- 🏛 **遠藤貝類博物館**
  開館時間10時30分〜15時30分／水曜・木曜（祝日の場合は翌金曜）・年末年始休／入館料大人300円、小中高校生150円／神奈川県足柄下郡真鶴町真鶴1175／TEL.0465-68-2111
- 📍 **鉄道・バス**／JR東海道本線「真鶴駅」より伊豆箱根バス、または真鶴町コミュニティバスで「中川一政美術館」下車
  車／東名高速道路「厚木IC」より小田原厚木道路・西湘バイパス・国道135号、または「沼津IC」より国道1号・136号・県道11号・国道135号でお林展望公園の駐車場に
- 🕐 中川一政美術館バス停（2分）お林遊歩道・森林浴遊歩道・番場浦遊歩道・潮騒遊歩道（60分）三ツ石海岸（3分）ケープ真鶴・遠藤貝類博物館（10分）お林遊歩道（30分）中川一政美術館バス停
- ℹ **真鶴町　産業観光課**
  神奈川県足柄下郡真鶴町岩244-1
  TEL.0465-68-1131

| 30 | 太平洋の島の火山でお鉢めぐり |

伊豆諸島の八丈富士

八丈富士の火口を一周する。右手は火口、左手は海。前方に八丈小島が霞んで見える

島の旅は、ゆったりとした時間が流れていてリラックスできる。八丈島には東京から飛行機で約1時間、船だと10時間以上もかかるが、行く価値がある。八丈富士は伊豆諸島の山で最も高く、お鉢めぐりをしていると、大海原と大空の間を歩いているような気分になる。

八丈島には西山の八丈富士と東山の三原山があり、ひょうたんの形をしている

春、八丈富士の麓ではフリージアが満開。黄八丈姿のめならべに似合いそうな花の色

島の時間に身をゆだねる

　八丈島は島の形から1960年代の人形劇『ひょっこりひょうたん島』のモデルと言われることがある。同作は、苦難にあってもくじけず進めと歌う主題歌から、どの島というよりも、当時の日本の社会と子どもたちを励ます寓意劇だったのだろう。とはいえ、ユートピアを想像して、見晴らしのよい山にのどかな牧場、山麓の平地には街と緑の畑、冬も温暖で花が咲き……と思い浮かべていくと、なんと八丈島になる。ここはそれほど、よいところだ。

鉢巻道路の八丈富士登山口からお鉢までは階段や舗装された歩きやすい道

　伊豆諸島は歴史も豊富だが、あまり知られていないのは、太平洋戦争後、短期間とはいえ日本の統治から外されたこと。連合国軍が日本政府に琉球諸島、小笠原諸島などの政治行政の権限行使を停止するよう命じた際、伊豆諸島も含まれていたためだ。東京都島嶼町村会発行の『伊豆諸島東京移管百年史』には「二カ月間の独立」という衝撃的な見出しがある。結局は、伊豆諸島は東京の一部とみなされ、ことなきを得るのだが、同書には「分離」「返還」「復帰」といった言葉が並び、切実だった様子がうかがえる。八丈島では大きな混乱はなかったものの、大島では独立まで想定して『大島憲章』という憲法が起草された。「大島ノ統治権ハ島民ニ在リ」など、民主的な草案だった。

　歴史に「たら、れば」は禁句ともいう。しかし、ハイカーの夢想は自由。伊豆諸島が独立して、「ひょうたん島のような国が現実にできていたら」と空想しながら歩くのは楽しい。

左）八丈富士の山頂。標高は854メートルだが、海上にそびえているため、かなりの高度感
右）火口まで上ると「お鉢巡り路」の道標がある。お鉢めぐりは足元に十分注意しよう

強風時はお鉢めぐりをあきらめる

　八丈島の町中や空港や港から7合目に位置する鉢巻道路沿いの登山口まで行くには、タクシーが便利。島には町営バスが運行されていて、山麓に「富士登山口入口」というバス停もあるのだが、そこで下車して登山口まで歩くと2時間はかかる。下山は上りよりは楽とはいえ、やはり登山口か、ふれあい牧場に迎えのタクシーに来てもらうことをすすめる。

　鉢巻道路の登山口から火口の縁までは徒歩約50分。道は整備されていて歩きやすい。時々、立ち止まって振り返ると、海や町が見えて励みになる。

　上りつめた場所には「お鉢巡り路」の道標が立ち、荒々しい火口が見える。上って来るまでは無風でも、ここに着いたとたん、体が浮き上がるほど激しい風が吹いていることがある。山頂はお鉢を20分ほど進んだ先なのだが、景色はここで十分によい。風が強いと、吹き倒されて転んだり、足を取られて道を踏み外して火口に落ちたりする危険があるため、天気はよくてもお鉢めぐりはやめた方が無難。絶対に無理はしないように。また、お鉢めぐりをするつもりなら岩やがれ場があるため、底の滑らない靴を履いて行くこと。山頂でも先に進むか引き返すか、慎重に判断しよう。

　下山は、上って来た道を戻る。登山口まで下りたら、ふれあい牧場に行ってみよう。島を見渡す高原の牧場の展望台でのんびりして、火口に上った緊張感を解きほぐすといい。

八丈富士中腹にある町営のふれあい牧場では、牛がのんびり草を食む

滝の裏側を歩きに行ってみよう

大里地区の玉石垣の家並みや樫立踊りを観覧できる服部屋敷など、八丈島に名所旧跡は多いが、絶景と自然の好きなハイカーには、島南部の中之郷にある「裏見ヶ滝」もおすすめ。滝の裏側を歩き、落ちる水を通して風景を眺める体験は貴重だ。関東地方では、松尾芭蕉が『おくのほそ道』の旅で訪れた日光の裏見の滝が有名だが、明治に道が崩れて裏側に行くことはできない。ほかにも裏見の滝はあるが、珍しい。八丈島の裏見ヶ滝は、晴れの日が続くと水が少なくなるため、前日などに雨が降った方が見ごたえがある。中之郷は温泉郷。冬、海岸の足湯に腰かけて沖を眺めていると、ザトウクジラの潮吹きを見られることもある。

裏見ヶ滝は八丈富士から離れているが、近くに温泉もあり、下山後の観光におすすめ

INFORMATION

2時間55分　　春 夏 秋 冬

- **ふれあい牧場**
  開館時間9時～16時／無休／無料／東京都八丈島八丈町大賀郷5627-1／TEL.04996-2-1125

- **飛行機・船**／羽田空港よりANA便で八丈島空港、または東京港竹芝客船ターミナルより八丈島底土港または八重根港、タクシーで八丈富士登山口

- 八丈富士登山口(25分)中間点(30分)「お鉢巡りの路」道標(20分)八丈富士山頂(40分)「お鉢巡りの路」道標(25分)中間点(20分)八丈富士登山口(15分)ふれあい牧場

- **八丈島観光協会**
  東京都八丈島八丈町大賀郷2345-1
  TEL.04996-2-1377

31 日本海の鎮めのような巨岩に臨む
佐渡北端の二ツ亀自然歩道

日本海を背にした二ツ亀の眺めは絶景。人生で一度は訪れることをすすめたい場所

佐渡の二ツ亀を望む海岸の丘に立つと「ここに地終わり、海始まる」という詩の一節を思い出す。海の向こうには、日本列島よりもはるかに大きな陸地があると知ってはいても、地の果てに来た感が強い。短いハイキングなのだが、ここを歩いたことを生涯忘れないだろう。

二ツ亀自然歩道に咲くハマナシ。ハマナスともいう。愛らしい花だが、茎にはとげがある

神聖さがただよう荘厳な岩山

二ツ亀自然歩道は、本書で最も辺境の雰囲気が漂うコースだ。人家から離れているのは尾瀬や霧ヶ峰も同じなのに、目の間に大海が広がっているためだろうか。夏の昼間は海水浴客や観光客がいて和やかだが、曇った日や夕暮れなど海辺にだれもいないと、聴こえてくるのは波の音ばかりで、寂寞としている。遠くまで来たものだと思う。

佐渡島は広くて、旅行すると移動距離が長く、島にいるという感じはしない。昔から佐渡は大きな陸地として認識されていて、『古事記』の国生み神話では、本州、四国、九州、淡路、壱岐、対馬、隠岐とともに日本を意味する「大八島国」の一つ。その後、明治初期に新潟県になるまでは、佐渡国や佐渡県だった。

『日本書紀』には佐渡に関して興味深い記述がある。6世紀の欽明天皇のとき、佐渡島北部の海岸に粛慎人が船で来たが、島民は「鬼だ」と言って近づかなかったという。粛慎は中国東北部の民族、または日本の蝦夷らしい。1970年代に書かれた佐渡の郷土史家の本では、粛慎人は大野亀を目標に日本海を渡ったと推定している。二ツ亀や大野亀と呼ぶのは形がカメに似ているからではなく、アイヌ語のカムイから来た佐渡語だとも書いてある。旅をすると、未知の歴史や説に出合えて面白い。

二ツ亀自然歩道は、波打ち際は荒々しいが、夏の路傍にはバラの花のようなハマナシや、あざやかな青紫色の花のハマゴウが咲く。大野亀はトビシマカンゾウの群落で有名だ。

賽の河原の手前まで往復

二ツ亀バス停は、SADO二ツ亀ビューホテルのわき。下車し、正面玄関の前を通り過ぎると、キャンプ場に通じる小道がある。キャンプ場は海に

ろうそく岩付近から先は岩がごろごろ転がっているため、引き返すのがよいだろう

左）大野亀の展望台から二ツ亀を望むと、二つの山が沖に向かって並んでいる
右）二ツ亀（右）と大野亀（左）の間の海に沈んでいく太陽。できれば泊まって眺めたい

面した高台で、二ツ亀を望む。二ツ亀は、こちらの岸と砂州でつながった陸繋島（りくけいとう）。ここからの眺めは一つの山のようだが、大野亀の展望台などから見ると、二つ山があり、それぞれ甲羅の盛り上がった巨大な亀に見えなくもない。このキャンプ場の眺めは抜群だ。とくに夕景は美しい。太陽が水平線に沈んでいくとき、日本海に金色に輝く光の道ができる。神々しい光景だ。

　キャンプ場から海岸に下りると「二ツ亀自然歩道」の看板がある。賽の河原まで1.3キロ、さらに0.8キロで願（ねがい）集落となっている。しかし、歩道が整備されているのは、賽の河原の手前、海に「ろうそく岩」と呼ぶ尖った岩が立ち、道端の石に「名勝佐渡外海府海岸」のレリーフがあるあたりまで。それより先は磯を歩くことになるため、レリーフで引き返そう。かつて、1958（昭和33）年発行の「佐渡弥彦国定公園」切手に大野亀とともに描かれた扇岩があったが、波で削られてしまった。

　願集落の西にある大野亀の展望台には、バスで行くことをすすめる。とはいえ、便数が少ない。佐渡は、金山の史跡、トキの観察施設、宿根木（しゅくねぎ）の町並みなど、見どころが多い。あちこち観光するなら、レンタカーが便利だ。

上）大野亀の鳥居。昔の人は大野亀も二ツ亀も神聖な場所として崇めてきたようだ
下）佐渡金山のシンボル、道遊の割戸。鉱脈があったため、人間の欲が山を二つに割いた跡

世界文化遺産の鉱山跡を見学

佐渡金銀山遺跡は、以前から国指定史跡だったが、2024年には「佐渡島の金山」として、世界文化遺産にも登録された。とくに相川地区にある史跡は、どれも規模が大きく、有名な「道遊の割戸」をはじめ、宗太夫坑、道遊坑などは、佐渡を訪れた機会に見学しておきたい。歴史好きは、佐渡奉行所跡も必見。自然派のハイカーには、相川地区でも少し離れた場所にある北沢浮遊選鉱場跡と大間港を訪ねることをすすめる。北沢浮遊選鉱場跡と大間港には、かつて活躍した産業遺構が、緑や海に包まれて自然に帰っていく独特な景観が広がっている。坑道で鉱石を採掘したあと、選鉱・製錬し、積み出すといった一連の流れも理解できる。

佐渡鉱山の鉱石を搬出した大間港には大正から昭和に使われたクレーンの台座が残る

INFORMATION

- 1時間　春 夏 秋
- 船・バス／新潟港より佐渡汽船のカーフェリーまたはジェットフォイルで両津港。両津港より新潟交通佐渡のバスで「二ツ亀」下車
  車／新潟港より佐渡汽船のカーフェリーで両津港。両津港より県道45号でSADO二ツ亀ビューホテルの駐車場に
- 二ツ亀バス停(5分)二ツ亀キャンプ場(5分)二ツ亀海水浴場(20分)ろうそく岩・名勝佐渡外海府海岸のレリーフ(20分)二ツ亀海水浴場(10分)二ツ亀バス停
- 佐渡観光情報案内所
  新潟県佐渡市両津湊353
  TEL.0259-27-5000

佐渡北端の二ツ亀自然歩道

32 『潮騒』の舞台の島を1周ハイキング
伊勢湾の神島

監的哨跡からは、船の行き交う伊良湖水道を隔てて、伊良湖岬が見える

昭和を代表する作家、三島由紀夫は、伊勢湾の湾口にある神島を取材して、小説『潮騒』を書いた。作中では「歌島」と呼ばれ、新治と初江の恋が描かれる。周囲4キロにみたない小島を1周すると、小説に出てきた場所が、次々に現れる。景色もよく、歩きやすい道だ。

神島は1周ハイキングにちょうどよい大きさ。のどかな風光明媚な島でいやされる

左）『潮騒』の舞台になった場所には本文を引用した説明板がある。ここは港の船揚場
右）八代神社の石段から鳥居越しに家並みと港を眺める。三島由紀夫が称賛した風景だ

三島文学の聖地をめぐる

　三島由紀夫は、1951（昭和26）年12月、26歳のとき世界旅行に出発し、翌年4月、ギリシャのアテネに着いた。「今、私は希臘にいる。私は無上の幸に酔っている」と、三島は旅行記『アポロの杯』に書いている。ギリシャの文化への憧憬と、旅で得た感動を作品に昇華するためだろう、三島は帰国した翌年、神島を取材に訪れる。

　三島は『潮騒』を創作する前に「天才の小説を書かう。芸術の天才ではなく、生活の天才の小説を書かう。彼は決して成功者や、貴族や、大政治家や、富豪ではない。完全な生活の行為者であつて、終生世に知られることなく送るが、生まれたときから、一種の天使であつて、追つても追つても、一種の幸運、一種の天寵が彼の身を離れない」とメモを記している。その人物が新治となって、この世に生まれた。彼は「波瀾もあるが、つひに、愛する女と幸福に結ばれる」ことになっている。新治が初江を見初めたのは、漁から戻ったときのこと。浜に見知らぬ少女がいた。もしかしたら彼女は、ギリシャ神話のアフロディーテのように海の泡から生まれ、西風に運ばれて歌島に流れ着いたのかもしれない。

　1954（昭和29）年に刊行された『潮騒』はベストセラーになっただけでなく、何度も映画化された。純真な恋物語は、いくつになって鑑賞してもいいものだ。『潮騒』を読んで神島を歩くと、港の船揚場、八代神社、灯台、監的哨跡、ニワの浜など、作中に出てくる場所が次々に現れ、物語が実際の出来事のように思えてくる。

潮騒は『万葉集』に出てくる言葉

　神島に行くには、三重県の鳥羽港か、愛知県の伊良湖港から船に乗る。神島に上陸すると「三島文学潮騒の地」

左）神島灯台。『潮騒』では歌島の灯台長の娘はストーリー展開の鍵を握る人物
右）監的哨は戦時中、試射した大砲の着弾点を観測した施設。『潮騒』の名シーンの舞台

の真新しい碑が立ち、島の人は『潮騒』を忘れていないことがうれしくなる。

集落の中に入っていこう。典型的な漁村で道が狭く、路地が入り組み、迷路のようだ。時計台の道を奥に進むと、坂を上る手前に洗濯場があり、『潮騒』ゆかりの場所として解説板が付いている。坂道を上り、八代神社に参拝。ここも新治と初江ゆかりの地。神島はどこも風光に恵まれているが、作中で三島は「歌島に眺めのもっとも美しい場所が二つある」として、八代神社と神島灯台をあげている。

神社から灯台までは、山道になる。灯台に着くと、伊良湖水道の先に伊良湖岬が見える。『万葉集』の柿本人麻呂の歌に「潮さゐに伊良虞の島辺漕ぐ船に妹（いも）乗るらむか荒き島廻（しまみ）を」がある。伊良湖水道は昔から潮の流れの速さで知られた。三島は、この歌から題名を取ったのだろう。ギリシャと日本の古典がこの島で出合った。

灯台からは、監的哨跡へ。初江の「その火を飛び越して来い」の台詞で有名な場所。屋内に入ることもできる。

さらに進むと、作中で海女たちの仕事場、ニワの浜。東屋があるので休むといい。このあたりは夏、ハマユウの白い花が咲く。古里（こり）の浜からは海岸を離れて丘を越え、港の集落に戻る。

ニワの浜の崖には白い岩が林立している。石灰岩でカルスト地形の説明板がある

海を歌った鳥羽の詩人、伊良子清白

　神島は、伊良湖岬の方が距離は近いのだが、古来、志摩国で、現在は三重県鳥羽市。神島と鳥羽港の間を鳥羽市営の船が結んでいる。

　鳥羽は、明治の詩人、伊良子清白が住んだ土地。清白は『孔雀船』しか詩集を出していない。しかし、その一冊で、明治を代表する詩人になった。作風は、浪漫主義的、象徴主義的などさまざまに評される。『島』と題する詩の冒頭「黒潮の流れて奔る　沖中に漂ふ島は　眠りたる巨人ならずや」。『海の声』の一節「ゆたのたゆたのたゆたひに　潮の和みぞはかられぬ」。近代の感性と古典の言葉を融合した詩は、今なお新鮮だ。文学好きなら神島から鳥羽に渡り、清白ゆかりの地を訪ねると、よい旅になるだろう。

神島を出向して鳥羽港に向かう鳥羽市営の高速船。乗船時間は40分ほど

INFORMATION

- 1時間40分
- 春　夏　秋
- 船／鳥羽港（佐田浜）鳥羽マリンターミナルより鳥羽市営定期船で神島港。または、伊良湖港より神島観光汽船で神島港
- 定期船待合所（5分）洗濯場（10分）八代神社（20分）神島灯台（20分）監的哨跡（15分）ニワの浜（5分）古里の浜（25分）定期船待合所
- 鳥羽市観光協会
  三重県鳥羽市大明東町1-7
  TEL.0599-25-3019

伊勢湾の神島　143

| 33 | 富士が見えても見えなくても、よし |

世界文化遺産、三保松原(みほのまつばら)

松林を抜けると、海が広がる。さて、今日は富士山が見えるだろうか

昭和に一世を風靡した浪曲師、広沢虎造(とらぞう)の『清水次郎長伝』は「旅行けば、駿河の路(みち)に茶の香り、ここは名におう東海道、名所古跡の多いところ、なかに知られる羽衣の松と並んで、その名を残す」の名調子で始まる。羽衣の松がある三保松原の風景は、日本人の心のふるさとだ。

みほしるべは文化と自然の展示が充実。広い駐車場ときれいなトイレもあり便利

天人も舞いおりた美しい浜辺

　東海地方は山海の景観に恵まれ、風光明媚な海岸が多い。富士山ももっと大きく見える場所がある。それにもかかわらず、三保松原の景色は、昔から格別なものとされてきた。そのわけは、謡曲『羽衣(はごろも)』にあるようだ。

　同曲では、三保松原の漁民の白竜(はくりょう)が、松に美しい衣がかかっているのを見つけ持ち帰ろうとするが、天人の返してほしいという願いを受け入れ、返すかわりに舞を所望する。喜んだ天人は、衣を風になびかせて舞い、この国の繁栄を寿ぎ、金銀、珊瑚(さんご)などの宝を降らせて、富士山を越えて天上に帰っていく。まことにめでたい曲だ。

　三保松原から富士山がきれいに見えるのを期待するなら、空気の澄んだ冬の日に行くとチャンスは多いが、白竜が天人に出会ったのは、春の日の朝霞のなか。霞や曇り空の松原も幻想的でいいものだ。歩いているうちに晴れて、富士山の頂が現れると「空のあんなところにあったのか」と驚かされる。それに、おぼろな眺めは想像をかきたてる。近世水墨画の最高傑作、長谷川等伯(とうはく)の『松林図屏風(しょうりんずびょうぶ)』は、松林の奥にうっすらと山が描かれていることから、三保松原の風景ではないかとされる。もやのかかった日、三保松原を歩くと、等伯の絵の中に入ったような体験ができるかもしれない。

羽衣の松から灯台まで歩く

　三保松原入口のバス停で下車し、御穂(みほ)神社へ。社前の鳥居からは「神の道」と呼ぶ真っすぐに延びる松並木の道を歩く。松原の入口にある「みほしるべ」は、三保松原にちなむ文化を手軽に知ることができるので入ろう。

　海の方に石段を上がれば、松林の中に「羽衣の松」がある。羽車(はぐるま)神社で松林を抜けると砂浜が広がる。向こう岸

左）松林の遊歩道を散策しよう。松原の中心は老松、周辺は若松が多く雰囲気が異なる
右）羽衣の松の前あたりの浜辺。対岸に見える陸地は伊豆の西海岸

の山並みは伊豆半島だ。

　浜や松林を散策したら帰ってもよいのだが、清水三保海浜公園まで足を延ばせば、三保松原の大きさを体感できる。松林の遊歩道の先には、自転車道が白い灯台まで続いている。正式な名称は清水灯台（国の重要文化財）でも「三保の灯台」と呼ばれて親しまれている。

　公園からは、来た道を戻ろう。みほしるべの前には茶店があり、駿河路名物の安倍川もちとお茶でくつろぐのもいい。また、清水三保海浜公園からみほしるべに戻らず、清水港側まで歩き、江尻まで水上バスに乗って清水駅に向かう方法もある。天気がよければ、海上から富士山が見える。

上）清水灯台に着いたら風見を見上げてみよう。羽衣まとった天女の形をしている　下）三保松原の茶店に腰かけて、静岡名物のお茶と安倍川もちでひと休み

INFORMATION

🚶 2時間30分　　📅 春 夏 秋 冬

🏛 静岡市三保松原
文化創造センター「みほしるべ」
開館時間9時～16時30分／無休／無料／静岡県静岡市清水区三保1338-45／TEL.054-340-2100

📍 鉄道・バス／JR東海道本線「清水駅」より静鉄バス（しずてつジャストライン）で「三保松原入口」下車
車／東名高速道路「清水IC」より県道75号・国道149号・150号・県道195号で、みほしるべ隣接の羽衣公園駐車場に

🕐 三保松原入口バス停（10分）神の道（10分）みほしるべ（5分）羽衣の松（10分）遊歩道の南西端（10分）羽衣の松（40分）清水三保海浜公園（40分）羽衣の松（25分）三保松原入口バス停

ℹ 静岡市三保松原文化創造センター
「みほしるべ」
静岡県静岡市清水区三保1338-45
TEL.054-340-2100

146　世界文化遺産、三保松原

楽しい
ハイキングのために

雨の日でも野山歩きが好きだという人は、よほどの自然愛好家。たいていの人にとってハイキングは、天気に恵まれなければ、つまらない。出かける季節は、春や初夏や秋の初めがいいのだが、空模様の変わりやすい時季でもある。天気予報をよく見て、計画を立てよう。

ハイキングの服装と持ち物

まずは着なれた服を着て、はきなれた靴をはき、家にあるリュックサックを背負って、野山や里に出かけてみよう。そして、ハイキングが好きになり、趣味になったら、アウトドア用の服や靴や道具を買って使ってみるといい。

長袖、長ズボンに帽子が基本

本書の33コースは「森林限界を超えるような高山には登らない」という前提で選んでいる。そのため、ほとんどのコースを春夏秋に歩く場合、本格的な登山で使うような高機能な服を着る必要はない。野山を歩くことになるので、泥などで汚れても気にならないものを身に着けて出かけよう。草木による傷、虫刺され、日焼けなどを防ぐため、夏でも長袖、長ズボンの着用をすすめる。帽子も被ろう。

しかし、24コース(P108)の霧訪山を春に登ったり、2コース(P20)尾瀬ヶ原や5コース(P32)刈込湖を初夏に歩いたりする場合は、残雪で服を濡らす心配があり、防水や撥水の登山服を着た方が安心できる。

どのコースに、いつ出かけるにしても、雨具と防寒着は必携。雨具は町歩きなら折りたたみ傘でもよいが、野山を歩くにはレインウェアが便利。防寒着は歩いているときは不要でも休憩などの際は欲しくなる。雨や汗で服が濡れると体が冷えるため、着替えも持ちたい。靴はトレッキングシューズやウォーキングシューズと呼ばれているものが歩きやすく、一足持っていると重宝する。

地図と水と食べ物は必携

ハイキングに持っていく物は、まず地図。それから水、食べ物、雨具、防寒着、着替え、絆創膏などの救急セット、小型の照明。それらを小型のリュックサックに入れて背負う。

地図は、スマートフォン用の登山地図アプリが便利で使う人が増えている。しかし、紙の地図で長年安全に登山をしてきた人は、それでよい。現状では、

6月上旬、入笠山の山頂。帽子を被り、長袖かアームカバーを着用している人が多い

長峰山のハイカー。山歩きで赤や黄の目立つ色の服を着るのは、万一遭難した場合、発見されやすくなるため、よいこと

2月下旬、八重山の展望台。向かいの山々は薄っすらと雪景色。気温が低く、防寒着は必携

おにぎりとあんパンは、日本ならではの優れた携行食

国土地理院2万5千分1地形図よりも正確な日本の登山地図はない。地元の役場や観光協会が発行しているウォーキングマップなどもハイキングに役に立つ。方位磁石も携帯しよう。

　水や飲料は余裕をもって持ちたい。水は飲むだけでなく、すり傷などの洗浄にも利用できる。食べ物は昼食のほかに行動食も持つ。登山用のガスバーナーを使って食事を作る人もいるが、山火事防止のため、火気厳禁の場所もある。おにぎりやパンのように調理せずに食べられるものを持っていくことをすすめる。

ハイキングが楽しいキャンプ場

遠方にハイキングに出かける場合、どこかに泊まることになる。宿は楽だが、キャンプをすれば、夕映えから星空、朝日まで、自然の中で絶景を眺めながら過ごせる。本書の33コースから景色と設備のよいキャンプ場を紹介。

コース01 登山者の利用が多く、静か
小梨平キャンプ場

上高地の風景を満喫するには、ここに泊まるのが一番。梓川のほとりに位置し、穂高連峰の絶景が眼前に広がる。山の好きな人ならキャンプ場にいるだけで、幸せな気分。食堂、売店、浴場もあり便利。

Information
長野県松本市安曇上高地4468　TEL.0263-95-2321
営業期間 4月下旬〜11月上旬　夏季繁忙期は予約制

目覚めると、目の前に穂高連峰がそびえている

コース04 朝日に輝く戸隠連峰は美しい
戸隠キャンプ場

戸隠連峰の東麓にある広大なキャンプ場。きちんと管理されているのだが、開放的な雰囲気があり、のんびりと快適に滞在できる。キャンプ場から戸隠森林植物園や鏡池までハイキングに出かけよう。

Information
長野県長野市戸隠3694
TEL.026-254-3581
営業期間 4月下旬〜11月上旬

併設している牧場を散策するのもいい

コース06 市民の家・小千谷信濃川水力発電館
おぢゃ〜るキャンプ場

小千谷市の市街地から山本山高原に上る道の途中にある。眼下を信濃川が流れ、眺めがとてもよく、天気がよければ、新潟平野まで見える。夜景も素晴らしい。館内では水力発電の仕組みを楽しく学べる。

Information
新潟県小千谷市山本1216-3
TEL.0258-82-2478
営業期間 4・5月頃〜11月末頃（雪の状況による）
キャンプの予約は「なっぷ」で

夏、テントサイトにクワガタムシがいた

コース30 ヤシの木立と八丈富士の絶景
八丈プラザ公園キャンプ場

八丈島のキャンプ場は、海岸に底土野営場もあるが、島の内陸部の八丈プラザ公園は、スーパーマーケットなどにも比較的近く便利。八丈富士7合目の登山口に行くにはタクシーを利用しよう。

Information
予約制　八丈島観光協会
東京都八丈島八丈町大賀郷2345-1
TEL.04996-2-1377

夕焼けでシルエットのヤシの木が南国のよう

初めてのスノーハイク

12月になり、カレンダーの写真が紅葉から雪景色に変わると、あまりの美しさに雪の野山を歩いてみたくなる。しかし、あせって出かけないこと。厳冬期に向かう時季の野山の環境は厳しい。日が長くなって寒気がゆるむ残雪期まで待とう。

歩いたことがある場所に行く

本格的な登山の経験者以外は、新雪期の12月や厳冬期の1月、2月に標高の高い山には登らないのがよい。12月は積雪がないとしても体が寒さに慣れていない。厳冬期には、初心者が経験者の指導なく安全に登れるような雪山は、関東・中部地方の山岳地帯には存在しない。冬は、積雪がなく日当たりのよい低山や平地でハイキングを楽しむのが、快適で安心だ。

それでも雪の上を歩いてみたかったら、残雪期の3月以降に出かけよう。日中の時間が長くなり、気温も上がり、行動しやすい。

晴れた日の雪歩きは楽しいが、天気が悪くなると視界は真っ白。経験者と行くようにしよう

出かける場所は「雪崩や滑落の危険がない」「短時間で往復できる」「人が常駐している施設がある」「ハイカーが割とたくさん歩いている」ところにする。そして、最も肝心なのは、何度か歩いた経験のあるルートだということ。積雪期に初めての山を歩くのは無謀だ。

春や夏に歩いたことがあるという前提で、本書のコースの中からスノーハイキングに出かけるとしたら、「檜原都民の森の道で三頭山登山」と「北八ヶ岳ロープウェイの坪庭駅から縞枯山荘を往復」の2コースがよいだろう。

スノーハイクの服装と装備

まず、雪山は、どこでも凍傷や滑落の危険があることを心に留めておこう。両コース程度の雪山を春先に歩くなら、慣れている人は長靴でも平気だろうが、私たちは凍傷や滑落を防ぐため、万全の服装と装備で出かけよう。

特に重要な点は四つ。一つ目は、防寒・防水の上着とズボンを着る。二つ目は、手袋をはめ、濡れた場合に備えて替えを持つ。三つ目は、耳をおおえ

三頭山の頂から富士山が見えた。奥多摩の山は雪解けが割と早く、2月下旬に訪れている

る帽子を被る。四つ目は、防水の登山靴をはき、靴の中に雪が入らないようにロングスパッツを付け、アイゼンを装着する。近年は樹脂と金属でできたチェーンスパイクを使う人も多いが、6本爪程度の金属製のアイゼンをベルトで締めて装着する方が、破損の心配がなくて安心。それから、晴天時に目を守るため、サングラスも持っていくとよい。スキーゴーグルでもいい。

雪山の環境は天候に大きく左右される。万全な服装と装備で出かけても、現地に着いた時点で天気が悪くなりそうなら無理をせず、また来ることにして、中止しよう。安全第一だ。

スノーハイクの服装。防水の上着とズボン、手袋、毛糸の帽子、ロングスパッツを着用

左）ベルトで締める6本爪のアイゼンとロングスパッツ（ゲイターともいう）を持参　右）スパッツを付けたあとアイゼンを装着すれば、スパッツを脱がずにアイゼンを脱着できる

スノーハイク 1

檜原都民の森の道で三頭山登山

ブナの路のカツラの巨木前。積雪が日光を反射するため、天気のよい日の雪山は明るい

奥多摩の雪山に巨樹を訪ねる

　積雪期でもよほどの大雪が降らなければ、檜原都民の森の道を歩いて三頭山に登ることができる。森林館（休館日に注意）の管理事務所にスタッフがいるのも心強い。「大滝の路」から「ブナの路」のコースで山頂を往復するが、三頭大滝や「ブナの路」のカツラの巨木あたりで引き返しても雪歩きを十分楽しめる。冬山の雰囲気も体験できる。

　バスは12月〜2月は運休、3月は土曜・日曜・祝日のみ運行のため、3月上旬の週末が行きやすい。バス停・駐車場（休園日は閉鎖）から階段を上がったら森林館の管理事務所で積雪の状況を聞いてから歩き出そう。

　三頭大滝までは積雪があまりないかもしれないが、滝から先の「ブナの路」は、沢沿いの林間の道で、吹き溜まる

左）雪のブナの路を上る。雪道を歩くのを楽しむために来たのだから、ゆっくり進もう　右）三滝大滝が氷瀑になっていた。気温によっては水が流れ落ちていることもある

大滝の路を歩き出す前に森林館に立ち寄って、雪道の情報を得よう

沢の道を上りつめると、稜線のムシカリ峠に着く

ためか、雪が割と遅くまで残っている。登山靴にロングスパッツを付けて、アイゼンを装着して進もう。

　ムシカリ峠のベンチで一息ついたら、三頭山の山頂（西峰）に向かう。山頂は、天気がよければ、木々の間から富士山や雲取山が見える。

　太陽が傾くと気温が下がり、風も冷たくなるため、早めに下山を始めよう。雪道は上りよりも下りの方が足を滑らせやすい。上ってきた「ブナの路」を一歩一歩慎重に下り、三滝大滝、森林館と戻り、バス停・駐車場に下山する。

三頭山の山頂。雪が積もっていてもベンチがたくさんあるので、座って休むことができる

Information
コース20　95ページ参照

|スノーハイク 2|

北八ヶ岳ロープウェイの坪庭駅から縞枯山荘を往復

縞枯山荘を目指して雪道の踏み跡をたどる。残雪期は雪が締まっているため歩きやすい

標高2200メートルの雪原を歩く

　北八ヶ岳の積雪期の環境は厳しいのだが、ロープウェイを利用すれば、ハイカーでも標高2200メートルを超える高地の雪歩きを体験できる。気温が低いため、積雪が締まっていて、歩くとサクサクとした音と感触が心地よい。近くの横岳(北横岳)や縞枯山は、雪山登山の入門の山と見なされていることもあり、積雪期でも割と多くの人が歩いているのも安心だ。

　坪庭駅で下車したら登山届のポストがあるので、万一のために記入して投函しよう。駅舎を出ると、一面の雪景色だが、縞枯山荘までのルートは夏と同じで、一本道のため、迷うことはまずない。東に延びる雪道をたどると、ゆっくり歩いても半時間もかからず、山荘が見えてくる。森林限界を超えて

左上）坪庭駅の登山ポスト。用紙も置いてあるので記入して投函しよう
左下）北八ヶ岳ロープウェイの坪庭駅から歩き出す。3月下旬だが、残雪で一面真っ白　右）雪原に立つ縞枯山荘が見えてきた。奥は雨池峠、左側は雨池山、右側は縞枯山の稜線

雪に囲まれて立つ山荘は、夏に見たときよりも頼もしく感じる

いないにもかかわらず、山上の別天地のような雪原が広がり、青い三角屋根の建物が、ぽつんと立っている風景は、童話の世界のようだ。距離も時間も短いコースだが、雪景色の満足度は高い。

山荘から先、縞枯山などに行くのは登山者にまかせて、ハイカーは雪原で休んで引き返そう。縞枯山荘が喫茶を営業していれば、コーヒーでも飲んでゆっくりすると優雅な気分。雪山歩きが好きになったら経験を積み、いつかまた来て、横岳や縞枯山に登るといい。

休憩したら来た道を戻ろう。縞枯山荘より先に行くのは、雪山の経験をもっと積んでから

Information
コース22　103ページ参照

絶景ハイクを楽しむための心得

春と初夏と梅雨明けは、どこかを歩こう

野山を歩いて最も美しい季節は、さまざまな花が一気に咲き出す春から、新緑がみずみずしい初夏にかけて。眺望は空気の澄んでいる秋や冬の方がまさっているのだが、遠くの山々が春霞でぼやけている風景は、優しく温かい感じがして、心がなごむ。

梅雨は、雨が心配でハイキングには不向きだが、タイミングよく、梅雨入り前と梅雨の中休みに出かけることができたら、緑が美しい。

夏は、低山ハイクや里山歩きは、暑くてすすめられない。海辺を歩くのも真夏より、春や秋がいい。夏は、上高地、尾瀬、霧ヶ峰など標高の高い山や高原を歩くと快適だ。特に登山者が「梅雨明け十日」と呼ぶ、梅雨明け直後のしばらくの間は、日本アルプスなどでも好天の日が続くことが多く、出かけるチャンス。

秋は渓谷や湖に紅葉狩りに行きたいものだが、日暮れが早く、ゆっくりできないのが残念。いづれにしても、春の花、新緑、高山植物の花、紅葉といった自然の風景は、毎年同じようでいて、実は一期一会。次の機会はないかも知れない。目に焼き付け、心に刻み込んで帰ろう。

アドバイス

1. 荷物は背負う
地図、水筒、食べ物、雨具などをリュックサックに入れて背負い、歩きやすい靴をはき、帽子を被って出かけよう。着替えもあると安心。

2. ゆっくり歩く
景色や自然を楽しみながら、ゆっくり歩こう。急いだり、あせったりしない方が安全なうえ、小さな花や梢の鳥を見つけることができる。

3. 昼を過ぎたら帰る
午前中歩いて、昼食を取ったら、帰路に就こう。欲張って、午後もあちこち回ろうとすると、疲れたり、あわてたりして事故にあいがちだ。

4. 晴れた日に行く
天気がよくないときは、無理して出かけるのはやめよう。晴れていなければ、どんな絶景の地も美しくない。日を改めて出かければいい。

5. クマに注意
近年、クマの出没が増えている。山間部を歩くときは、クマ鈴を鳴らしながら歩こう。早朝、夕暮れには、山中を歩かないようにしよう。

6. 現地のルールを守る
山火事防止のために火気厳禁の場所などでは、現地のルールを厳守する。破ると、次のハイカーが道や休憩所を使えなくなるかもしれない。

左上）上高地で見た「クマ出没中」の掲示
右上）「山火事注意」のまといリスの看板
左下）田のあぜは歩かないようにしよう
右下）野生動物がいても食べ物をやらない

あ と が き

　関東・中部地方の絶景を紹介した
この本に、私は自分にとってのアル
カディアを詰め込んだ。アルカディ
アは古代ギリシャの地名で、のどか
で美しい風景の中、羊飼いたちが幸
せに暮らしていたと伝えられる土地。
詩人や作家があこがれをもって詩や
物語を書いたため、牧歌的な理想郷
の代名詞になった。32コースの神島
について、三島由紀夫は、「この島
に来たとき、『われもまたアルカディ
アに』の感慨を味わった」と書いてい
る。その言葉は、ドイツの文豪ゲー
テの『イタリア紀行』の副題「われも
またアルカディアに！」を踏まえて
いる。ゲーテにはイタリアが、三島
には神島が、理想郷に思えたのだ。

　私の場合は、上高地、尾瀬ヶ原、
奥日光の湖などの風光に恵まれた土
地や、稲穂のゆれる棚田、ぶどう畑
の広がる丘といった豊かさを感じさ
せる里を訪れたとき、「ここもまたア
ルカディアだ」と思う。

　関東・中部地方には昔から人が住
み、街道が通り、絶景といっても大

自然そのままの風景はまれで、人々
の暮らしと自然の調和が大きな魅力
になっている。例えば、富士の見え
る山は25コースの八重山のほかに
も多いのだが、ここは昭和の初めに
地元の婦人が郷土への恩返しの気持
ちから山林を寄付した山。人々は彼
女の名にちなんで八重山と名付け、
学校林として、今もみんなが歩ける
ように道や休憩所を整備している。
そうした経緯や取り組みが、景観を
ひときわ輝かせる。

　本書のコースを「どこも歩いたこ
とがない」と言う人がいたら、これ
から出合う絶景が、たくさんあるこ
とをうらやましく思う。関東・中部
地方の景勝地は、本書で取り上げた
ほかにもいっぱいある。例えば、北
八ヶ岳の天然の展望台のような高見
石、美ヶ原高原の牧場、伊豆諸島の
神津島の山上にある砂漠。いつかま
た機会があれば、紹介したい。

　　　　　　　　　重信　秀年

伊豆諸島の最高峰、八丈富士の山頂

重信秀年（しげのぶ・ひでとし）

1961年広島市生まれ。山歩きと歴史のライター。早稲田大学卒。高校時代は山岳部、大学時代は探検部に所属。高校の国語教諭、広告の制作会社などを経てフリーライターに。著書に『多摩・奥多摩ベストハイク30コース』（東京新聞）、『おすすめ！ソロキャンプ 関東・中部 厳選30』（同）、『奥武蔵・秩父ベストハイク30コース』（同）、『むさしのベストウオーク40コース 花と歴史と水辺散歩』（同）など。

絶景ハイク
関東・中部33コース

2025年3月31日　第1刷発行

著　者　　重信秀年
発行者　　岩岡千景
発行所　　東京新聞
　　　　　〒100-8505 東京都千代田区内幸町2-1-4
　　　　　中日新聞東京本社
　　　　　電話　［編集］03-6910-2521
　　　　　　　　［営業］03-6910-2527
　　　　　FAX 03-3595-4831

装丁・本文デザイン　　中村 健（MO' BETTER DESIGN）
写真撮影　　　　　　　重信秀年
地図製作　　　　　　　永須華枝（東京新聞編集局デザイン課）

印刷・製本　　　　　　株式会社シナノ パブリッシング プレス

©Hidetoshi Shigenobu, Printed in Japan
ISBN978-4-8083-1112-4　C0075

◎定価はカバーに表示してあります。乱丁・落丁本はお取りかえします。
◎本書のコピー、スキャン、デジタル化等の無断複製は著作権法上での例外を除き禁じられています。
本書を代行業者等の第三者に依頼してスキャンやデジタル化することは、たとえ個人や家庭内での利用でも著作権法違反です。